LES BOURGEOIS
DE
MOLINCHART

PAR

CHAMPFLEURY

Traduction et reproduction interdites, suivant les traités.

3

PARIS
LOCARD-DAVI ET DE VRESSE
RUE DE L'HIRONDELLE, 16.

1855

LES BOURGEOIS

DE MOLINCHART

EN VENTE CHEZ LES MÊMES ÉDITEURS

Mémoires de M. Prudhomme, par Henri Monnier, 4 vol. in-octavo.

Le Chasseur de Lions, par Jules Gérard (le tueur de lions), 2 vol. in-octavo.

La Robe de Nessus, par Amédée Achard, 3 vol. in-octavo.

Confidences de mademoiselle Mars, recueillies par madame Roger de Beauvoir, 3 vol. in-octavo.

Les Bourgeois de Molinchart, par Champfleury, 3 vol. in-octavo.

La Dame aux Perles, par Alexandre Dumas, fils, 4 vol. in-octavo.

Heures de Prison, par madame Lafarge, 4 vol. in-octavo.

Les Petits-Fils de Lovelace, par Amédée Achard, 3 vol. in-octavo.

Les Chasseurs de Chevelures, par le capitaine Mayne-Reid, traduit par Allyre-Bureau, 5 vol. in-octavo.

Du Soir au Matin, scènes de la vie militaire, par A. Du Casse, aide-de-camp de S. A. I. le prince Jérôme Bonaparte, 1 volume in-octavo.

LES BOURGEOIS
DE
MOLINCHART

PAR

CHAMPFLEURY

Traduction et reproduction interdites, suivant les traités.

3

PARIS
LOCARD-DAVI ET DE VRESSE
RUE DE L'HIRONDELLE, 16.

1855

I

Catilinaires de province.

Les tribunaux sont d'une grande ressource pour les provinciaux, qui trouvent dans les débats d'un procès le même intérêt que le peuple de Paris apporte à à la représentation d'un mélodrame. Aussi dans les villes qui ne comportent qu'une justice de paix, existe-t-il un public fidèle et assidu à écouter les harangues du commissaire de police. Quand il fut décidé que le tribunal allait juger l'affaire du chevreuil, le bruit s'en répandit dans Molinchart, et la foule ne manqua pas de se porter à l'audience. Le nom du comte de Vorges, la curiosité qui s'attachait à ses moindres actes, la publicité qu'il avait donnée à sa liaison avec la Carolina, attirèrent les dames de la ville.

Le célèbre maître Quantin plaidait pour l'épicier Jajeot, et on s'attendait à un morceau curieux d'éloquence de cet avocat, cité immédiatement après les sept merveilles du pays. Toutes les fois qu'un avocat de Paris était venu plaider à Molinchart en opposition à maître Quantin, l'avocat du clocher passait pour avoir triomphé de son adversaire. Il arrivait quelquefois que maître Quantin était écrasé sous un déluge de finesse et d'épigrammes parisiennes, auxquelles il n'avait à opposer qu'un petit dénigrement bourgeois ; mais ses concitoyens le voyaient toujours vainqueur, qu'il gagnât sa cause ou qu'il la perdît.

L'orateur Quantin gouvernait la ville ; on citait ses mots, ses opinions, et quand il passait dans la ville, portant la tête haute, chacun se courbait à moitié, heureux de recevoir en échange un petit signe de tête. Le comte de Vorges avait eu la malheureuse idée, pour satisfaire aux désirs de M. Creton du Coche, de choisir pour avocat maître Grégoire : parmi six avocats de la ville, il était difficile de plus mal s'adresser. Maître Grégoire, par ses grosses plaisanteries et un usage immodéré des calembourgs, s'était peu à peu aliéné le cœur de la magistrature, et il fallait qu'une cause fût bien bonne pour qu'elle triomphât de la plaidoierie de son défenseur.

Julien et Jonquières traversèrent la foule qui encombrait la cour du Palais-de-Justice, sans se douter que l'opinion publique leur était défavorable; ils ne connaissaient que M. Creton du Coche, l'avocat Grégoire, quelques personnes qui fréquentaient la maison de l'avoué; et ils croyaient n'avoir à se défendre que d'une simple accusation de dégâts dans la boutique de l'épicier Jajeot ; mais le tribunal avait jugé l'affaire plus importante, et grâce aux intrigues de l'avocat Quantin, qui, par son salon, disposait d'une grande influence en ville, la petite salle du tribunal civil avait été abandonnée pour la grande salle des assises. Le banc des jurés était rempli des dames les plus élégantes de la ville, qui firent des frais considérables de toilette pour cette solennité.

En entrant dans la salle et en se voyant lorgné comme un criminel audacieux, Julien se repentit d'avoir laissé aller l'affaire jusqu'au bout ; l'aspect des magistrats lui parut de mauvais augure. Trois juges auxquels il n'eut pas pris garde s'il les avait rencontrés dans la rue, lui semblèrent terrifiants dans leurs robes noires. Jonquières plaisantait sur la mine des juges et ne se laissait pas démonter par l'habit; le président avait donné l'ordre aux huissiers de service de ne laisser entrer que dix personnes à la fois, et les curieux, qui s'étouffaient à la porte, montraient le vif intérêt que la ville prenait à ce procès.

L'avocat Quantin entra par la petite porte qui mène à la chambre des délibérations du jury dans les affaires de cours d'assises. Le bonnet en arrière, la bouche dédaigneuse, les larges manches flottant au vent, qui semblaient bouffies d'orgueil, d'immenses dossiers sous le bras, un certain remuement qu'il donnait à son corps, produisirent sur l'assemblée l'effet accoutumé, ce que le peuple appelle le *flafla*. Il traversa le public la tête haute, avec l'air d'un triomphateur, envoya des sourires aux dames qu'il connaissait, et montra aussitôt la familiarité qu'il entretenait avec les juges en montant les degrés du tribunal et en allant causer avec le président.

De temps en temps il jetait un coup d'œil moqueur dans la salle, et riait sans doute de certaines observations piquantes qu'il communiquait aux juges. Ou bien il envoyait de petits saluts amicaux à des dames qui le payaient en doux sourires. Ou bien encore il se mettait le poing sur la hanche et se livrait à un balancement de la jambe gauche, qui montrait le peu de cas qu'il faisait du public.

— Comment appelez-vous cet avocat? demanda Julien à M. Creton.

— C'est maître Quantin, notre adversaire.

— Je crois qu'il me regarde un peu trop, dit le comte.

En effet, depuis cinq minutes, maître Quantin clignait des yeux et cherchait dans la foule ses adversaires. Quoiqu'il connût parfaitement de vue le comte, maître Quantin affectait de ne jamais l'avoir rencontré, et, se l'étant fait désigner par le président du tribunal, il le regardait avec une insistance provoquante, qui est un des moyens généralement employés parmi les avocats.

L'épicier Jajeot, assis sur le banc des témoins, était transformé au moral autant qu'au physique. Il avait fait une toilette particulière pour son procès, et la confiance qu'il avait dans la parole de maître Quantin faisait qu'il relevait la tête, suivant chaque mouvement de son avocat et brûlant d'impatience d'entendre l'huissier donner le signal de l'ouverture de l'audience. M. Janotet, le juge suppléant, n'avait eu garde d'emmener son fils Toto; mais il se trouvait dans une terrible situation qui l'empêchait d'oser regarder quelqu'un de l'assemblée.

M. Janotet, victime à diverses reprises des goguenardises de l'avocat Quantin, avait fini par lui témoigner une vive admiration qui tenait beaucoup de la crainte, et il ne savait quelle contenance tenir vis-à-vis de Julien, avait lequel il avait dîné chez M. Creton du Coche. Il baissait la tête afin de n'être pas obligé de saluer M. Creton, car en province les relations sont si peu étendues qu'elles s'enchaînent facilement.

Or, le juge suppléant avait eu vent des machinations qui se tramaient contre Julien, et, comme M. Creton du Coche, était lié avec le comte, il entrait pour ainsi dire dans le nombre des partisans et par contre des adversaires de maître Quantin. Tous ceux qui, au tribunal paraissaient s'intéresser en faveur de Julien devenaient les ennemis de l'avocat Quantin, et pouvaient s'attirer son ressentiment, car il était connu comme une langue qui ne pardonnait jamais.

La foule commençait à s'impatienter d'autant plus légitimement que le tribunal était rassemblé depuis longtemps, que les avocats étaient présents ainsi que les demandeurs, mais, après avoir causé avec l'avocat Quantin, le président et les juges s'étaient retirés dans une petite pièce voisine qui leur sert à s'habiller.

— Le tribunal ! messieurs ! chapeau bas ! s'écria l'huissier.

Alors apparurent lentement le président et les juges, chacun d'eux avec une physionomie particulièrement grave que les magistrats imaginent plus convenable à l'expression de la loi.

Quand le silence fut rétabli :

— Maître Quantin, dit le président, vous avez la parole.

Le célèbre avocat se leva, salua le tribunal et commença sur un ton qui surprit le public. Maître Quantin semblait réciter une églogue : il voyait un jeune chevreuil dans les bois, se jouant près d'une fontaine cristalline auprès de sa mère : tout d'un coup on entendait au loin les sons du cor. Le chevreuil dressait la tête, et sa mère inquiète le regardait avec des yeux attendris; puis, les aboiements des chiens résonnaient dans la forêt, et à cet accent cruel le chevreuil frissonnait.

— Nous n'avions pas de chiens ; s'écria l'avocat Grégoire.

— Monsieur le président, reprit maître Quantin, si maître Grégoire m'interrompt au début de ma plaidoierie pour me contredire inutilement, je n'ai plus qu'à me retirer.

Il y eut dans la foule des mouvements en faveur de maître Quantin qui dictèrent au président une admonestation sévère au malencontreux contradicteur.

— Maître Grégoire, vous avez un système déplorable de défense que vous n'employez pas aujourd'hui pour la première fois ; je vous engage à respecter le discours de votre honorable confrère et à l'imiter quand il écoute plaider un adversaire ; autrement le tribunal, qui veut bien pour cette fois n'employer que la réprimande, se verrait obligé d'user de moyens plus rigoureux.

— C'est pourtant Quantin qui m'a appris à interrompre, disait l'avocat Grégoire à Jonquières qui était derrière lui ; mais à lui tout est permis.

Remis du trouble que lui avait causé en apparence l'interruption de son adversaire, maître Quantin reprit sa destruction champêtre de la forêt, les ébats des deux chevreuils et l'angoisse que leur causait l'approche d'un ennemi dangereux. Tout ce début à la manière de Théocrite fut vivement goûté par le public, étonné d'un faux-semblant de poésie champêtre qui sortait d'un crâne couvert d'un bonnet noir. Les sons du cor se rapprochent, les aboiements des chiens deviennent plus distincts, le jeune chevreuil effarouché perd tout sentiment maternel au point de fuir seul. Ici, l'avocat Quantin fit jouer les cordes de son gosier afin de donner à ses paroles un son éraillé, mélancolique ; il poussa la comédie jusqu'à se passer un mouchoir sur les yeux en parlant du chagrin de la mère du chevreuil qui fuyait haletante et s'arrêtant dans sa marche, malgré le danger, pour voir si son fils la suivait.

En entendant cette narration, quelques dames versèrent des larmes, et l'avocat se rajusta, satisfait de son affaire. Puis, tout d'un coup, maître Quantin passe la main dans sa chevelure, donne un tour furieux à ses boucles paisibles et s'écrie : « Des cavaliers s'avancent au galop de leurs chevaux, ils sont soif de butin, ce sont des chasseurs, et, faut-il le dire, messieurs, ce sont de jeunes hommes. »

En parlant ainsi, maître Quantin se retournait vers le comte et Jonquières, et il semblait vouloir les désigner à la vengeance du public. Julien, se voyant l'objet des regards de toute une salle, fit un effort sur lui-même et releva la tête. Il rencontra alors les yeux de maître Quantin qui ne le quittaient pas.

— Mais c'est insupportable, dit-il à l'avocat Grégoire.

— Laissez-le aller, dit celui-ci, pendant que maître Grégoire faisait une tirade sur les jeunes hommes qui ont des parents, des mères, des sœurs, et qui chassent sans pitié les petits des animaux. Il assaisonnait ces réflexions de citations sur la férocité, toujours en regardant fixement Julien.

— Pardon, monsieur le président, dit le comte en se levant.

— Vous n'avez pas la parole, monsieur.

— L'avocat n'a pas le droit...

— Huissier, faites faire silence à monsieur, car, s'il continuait, nous nous verrions avec peine obligé de le faire expulser de l'audience.

— Monsieur le président, s'écria l'avocat Grégoire.

— Maître Grégoire, nous vous avertissons pour la dernière fois de ne pas troubler la majesté de l'audience.

Julien haussa les épaules.

— Il est interdit aux personnes présentés dans la salle, dit le président, de faire le moindre signe ou geste d'adhésion ou de blâme.

L'avocat Quantin s'était laissé tomber sur son banc comme brisé par l'émotion, et plein de pitié pour la conduite scandaleuse de ses adversaires. Il levait les bras au ciel, regardait les juges et semblait leur dire : « Pardonnez à ces malheureux ! » Il se releva.

« Il est difficile, dit-il, messieurs, de reprendre le fil à l'endroit où il s'est cassé. Je veux bien croire que des personnes qui ne connaissent pas à fond les lois de la société, puisqu'elles semblent passer leur temps dans des bois, occupées à des exercices sanguinaires ; je veux bien croire que ces personnes ne m'ont pas interrompu à dessein ; autrement, je me mettrais sous la protection du tribunal, qui ne m'a jamais fait défaut, et, fort de la bienveillance du magistrat éclairé qui préside à ces débats, j'espère que ma parole sera libre et que je puis parler sans craindre des menaces qui, quoique parties de l'œil, semblent s'attaquer aux paroles qui dorment encore dans ma poitrine, et qui sortiront, soyez-en convaincus, messieurs, malgré l'irritation qu'elles pourront causer. »

Aaussitôt après cette belle phrase, l'avocat Quantin dépeignit les moissons ravagées, les champs nouvellement ensemencés piétinés, les légumes, espoir des pauvres jardiniers, foulés sous les pieds des chevaux, les barrières renversées, la course éperdue du chevreuil à travers bois et prairies, et dans le lointain le bruit des chevaux, le son du cuivre et l'aboiement des molosses.

Depuis que l'avocat Grégoire avait nié que ses cliens eussent des chiens, maître Quantin les avait remplacés par d'affreux *molosses*. L'avocat suivait le chevreuil à la piste et traçait un plan fabuleux de son parcours; il lui faisait traverser des enclos, des vergers, de jeunes plantations dont il ne restait plus de vestiges après son passage. Selon lui, le dégât dans la campagne avait dû être d'une centaine de mille francs; de Julien et de Jonquières, il faisait une avant-garde de Cosaques déprédateurs. Au pied de la montagne, maître Quantin s'arrêta : il avait tellement couru avec le chevreuil que la sueur lui en était venue au front.

« Qu'est-ce que ce clocher qui s'élance dans les airs? s'écria-t-il quand il se fut remis de ses fatigues. C'est le clocher d'un chef-lieu, d'une ville libre, entendez-vous, messieurs, d'une ville libre. Nous ne sommes plus au temps où la noblesse et le clergé taillaient à corvée et à merci les serfs de la province. Chaque citoyen aujourd'hui est inviolable, sa demeure est sacrée, sa femme et ses enfants sont sous la protection de l'Etat. Le chevreuil gravit la montagne ; il a vu le clocher au loin, et il a flairé qu'il y avait là une ville libre, comme un asile. Mais les chasseurs ne respectent ni domiciles de citoyens, ni leurs champs, ni la famille, ni la tranquillité domestique,

» Allez leur parler de l'affranchissement des communes ils en souriront. « Ce sont jeux de princes, » a dit La Fontaine. Un digne commerçant de notre cité était tranquillement dans son magasin, occupé à classer ses denrées coloniales : tout à coup le chevreuil égaré, poursuivi, haletant, saute par-dessus son comptoir, brise mille objets précieux et délicats, tirés à prix d'or des premiers magasins de Paris. Mon Dieu ! nous ne songeons pas à accuser le chevreuil, cette pauvre bête dont la condamnation était signée avant le procès, et qui allait payer de sa tête le fruit des plaisirs de nos jeunes gentilshommes.

Là-dessus, l'avocat Quantin, qui avait montré les champs, les plantations, les vergers, les enclos ravagés par les chasseurs, fit un tableau terrible des dégâts, du chevreuil dans la boutique, Les poupées, les animaux, les polichinelles, les petits violons, les ménages, les soldats de plomb voltigeaient comme emportés par une trombe, et sur leur corps tombaient des grêles de bonbons, de dragées, de sucreries de toute sorte. Après la grêle venait une pluie de parfait amour, de liqueur des braves, de ratafia qui formait des flots gras et épais dans la boutique. La foudre tombant dans le magasin de l'épicier Jajeot n'eût pas produit de désastres comparables à ceux qu'énumérait l'avocat Quantin. Il avait surtout une façon de prononcer le mot *jouet*, qu'il appelait *joa*, qui répandait encore plus de tristesse sur son récit.

« De véritables gentilshommes de l'ancienne race, disait-il, auraient offert le double du prix des *joas* qu'ils avaient fricassés. Point. La noblesse moderne, messieurs, semble avoir hérité des vices de ses aïeux sans en avoir les qualités. Compterez-vous pour rien, messieurs, le trouble qui s'est emparé de l'esprit de M. Jajeot en voyant ses *joas* livrés aux piétinements d'une foule cruelle? Et cependant, il ne réclame rien pour le bouleversement de ses sens, qui ont occasionné des visites de médecin. J'ai ici une consultation de notre célèbre docteur Dufour, à la date du 12 juillet, le lendemain de l'événement. On y lit : langue épaisse et blanchâtre par suite d'émotion, pouls à pulsations trop rapprochées. Garder la chambre un jour et se préserver de toute émotion, pendant que le malade prendra à petites gorgées une demi-once d'huile de ricin.

» Voici mon client, messieurs, vous le connaissez tous ; il est là derrière moi à l'audience. Jajeot, levez-vous. Il n'a jamais été malade de sa vie, messieurs ; il a une vie tranquille. Son commerce lui suffit et lui donne à vivre. De bonne foi, croyez-vous, messieurs, que M. Jajeot ait pris de l'huile de ricin par simple distraction ? Je vous le demande, ce corps gras et huileux d'une couleur repoussante, d'une odeur nauséabonde, n'est pas destiné à entrer dans l'économie d'un homme plein de santé.

« Il a fallu un violent bouleversement pour que le docteur l'ait ordonné ; il y a donc eu incapacité de travail d'un jour, les intérêts de mon client en ont souffert. Ce fait est à joindre aux nombreux *joas* cassés, dont la perte ne peut se réparer que par des dommages-intérêts. Nous demandons à messieurs de la cour mille francs de dommages-intérêts, et, confiants dans leur justice, nous attendons avec tranquillité leur décision, certains qu'ils ne laisseront pas notre ville troublée par des étrangers. »

Maître Quantin, pendant cette dernière phrase, fit voler aux vent ses longues manches qui semblaient gonflées d'orages et, ayant lancé une dernier coup d'œil provocateur au comte de Vorges, il s'assit sur son banc pendant qu'un murmure enthousiaste éclatait parmi les assistants.

— Messieurs... s'écria maître Grégoire.

— Pardon, monsieur, dit le président, nous fermons l'audience pendant cinq minutes, afin de permettre à maître Quantin de se reposer des fatigues de son beau discours.

— L'affaire tourne mal contre nous, dit Grégoire à Julien le président a qualifié de beau le discours de maître Quantin ; il est presque inutile de plaider, je vais parler pour ne rien dire.

— Comment, monsieur, dit Julien, vous abandonnez l'affaire ? Oubliez-vous que ce M. Quantin nous a insultés à plusieurs reprises, et que je lui répondrai en public plutôt que de nous laisser traiter, mon cousin et moi, comme il l'a fait?

— Mais je ne demande pas mieux, dit l'avocat Grégoire; seulement, préparez-vous à payer de forts dommages-intérêts.

— Que m'importent les dommages-intérêts? s'écria le comte; ayez soin seulement d'expliquer au tribunal la note exagérée que l'épicier voulait nous faire payer.

— Je suis allé dans sa boutique, dit Jonquières, et il a été fort embarrassé de me montrer ces dégâts dont on fait tant de bruit.

— Je suis à peu près certain, dit M. Creton du Coche, d'avoir vu le lendemain mon voisin Jajeot dans sa boutique comme de coutume. Il n'aurait donc pas pris médecine... Au surplus, on peut le demander à Faglain, qui sait tout ce qui se passe, car sa fenêtre donne dans la cour de l'épicier.

Faglain, qui était dans l'enceinte, et

qui n'avait pas assez de ses deux oreilles pour suivre les débats, accourut à un signe.

— Savez-vous, Faglain, lui demanda l'avoué, si réellement M. Jajeot a été malade le lendemain de l'affaire du chevreuil ?

— Du tout, dit Faglain ; mais il est malin : il a envoyé chercher son médecin et s'est fait faire une ordonnance dont il ne s'est pas servi. Je suis allé chez lui par curiosité pour voir le remue-ménage, et je l'ai trouvé en train de déjeûner à neuf heures du matin. Il était gai comme un homme qui se débarrasse forcément d'un tas de vieilleries.

— Bon ! dit maître Grégoire.

— Et vous en déposeriez...

— Comme il vous plaira, dit Faglain.

— Messieurs, dit l'huissier, silence, les débats sont ouverts.

L'avocat Grégoire se leva et dit :

— Messieurs, j'avoue que le plaidoyer de mon adversaire est fort beau, comme l'a dit l'honorable président qui gouverne ces débats avec tant d'impartialité ; de plus, je le trouve fort touchant. L'histoire de *cette* chevreuil mère et de son fils m'a beaucoup ému ; mais personne n'a vu la mère du chevreuil, pas plus maître Quantin que mon féroce client, M. Julien de Vorges, ce chasseur impitoyable. La mère du chevreuil aura sans doute été dévorée par ce fameux chien invisible qui a germé dans l'imagination de maître Quantin. Parmi les personnes qui font partie du corps de la magistrature, il y en a plus de la moitié qui se livrent à la chasse de la perdrix, du lièvre, que sais-je? j'en vois même un sur les bancs du tribunal.

— Maître Grégoire, pas de personnalités.

— Pardon, monsieur le président, je voulais dire qu'on n'est pas un assassin pour rentrer dans la ville avec un carnier contenant trois perdrix, un lièvre, comme il est arrivé avant-hier à un de nos honorables magistrats.

— Pour la seconde fois, maître Grégoire, je vous avertis que si vous entrez dans des considérations étrangères au sujet, je vous retire la parole. Ici, au palais, les magistrats ne sont plus des hommes.

— La chasse a été en honneur chez tous les peuples dit maître Grégoire, qui abusa un moment de ses connaissances historiques qu'il avait puisées le matin dans l'*Encyclopédie des gens du monde*.

— De grâce, monsieur Grégoire, dit Julien qui s'impatientait de ses protégomènes.

— Il est fort heureux que ces messieurs fussent à cheval, mon honorable adversaire aurait pu faire passer dans l'assemblée le galop de ces animaux (et l'avocat Grégoire sauta sur un banc en imitant le trantran des chevaux); je comprends que le chevreuil ait été effarouché des sons du cor (ici maître Grégoire sonna une petite fanfare), et ce qui a dû le plus lui faire perdre la tête a été les furieux aboiements de ce chien, de ce molosse qui n'existait pas. »

Pendant que l'avocat Grégoire s'ingéniait à rendre les aboiements d'un gros chien, maître Quantin se leva, furieux des plaisanteries de son adversaire.

— Messieurs, dit-il.

— Permettez, maître Quantin, dit le président, je comprends votre indignation de voir transformé le banc de la défense en une sorte de parade, mais je saurai veiller à ce que l'art des Démosthènes et des Cicéron ne soit pas remplacé par de basses facéties indignes d'un homme qui porte la toge. Maître Grégoire, le tribunal vous somme de vous renfermer dans une plaidoierie plus décente et plus convenable : nous ne sommes pas à la foire, rappelez-vous-en, et songez à prendre modèle sur le discours plein de convenance de votre adversaire.

Depuis dix ans, maître Grégoire plaidait de la sorte, et il était de bronze contre ces avertissements du tribunal.

— Il suffit, monsieur le président ; je me renferme désormais dans une discussion prudente des faits, mais je n'ai pas reçu, en naissant, le don de la période dont a été doué maître Quantin ; je sais que ses phrases ont toujours le nombre, et je ne peux m'empêcher de l'admirer en regrettant de ne pas posséder ces brillantes facultés. J'en reviens donc à l'infortuné chevreuil séparé de sa mère.

» J'ignorais réellement qu'il eût causé autant de dégâts dans la campagne ; tel que l'a peint maître Quantin, c'est un véritable ouragan qui sème la désolation dans les champs. Les habitants de nos faubourgs, messieurs, ont dû pousser bien des cris de rage en trouvant leurs moissons ravagées pour le simple plaisir de M. le comte Julien de Vorges et de son cousin et ami, M. Jonquières, et je m'étonne que jusqu'alors ils n'aient pas porté plainte, et qu'ils n'aient pas demandé de dommages-intérêts considérables. Les paysans ne sont cependant pas endurants quand on touche à leurs propriétés ; plus d'une fois à la justice de paix, j'ai défendu des soldats, des enfants, des ouvriers qui avaient eu le malheur de vouloir s'approprier quelques fruits pendant au dehors de la haie, et qui furent d'abord roués de coups par nos paysans, quitte plus tard à être poursuivis de nouveau par eux devant la justice.

» En y réfléchissant, messieurs, je juge

que ces enclos, ces plantations, ces vergers, ces champs de blé ravagés, sont de la nature de la mère du chevreuil et des fameux molosses. Le cerveau de maître Quantin est fécond : il donne naissance à des animaux, à des bois, à des prés, à des champs. Maître Quantin est un créateur; il se repose à cette heure, et on ne peut guère le lui reprocher, car il a beaucoup inventé.

— Je ne saurais supporter, monsieur le président, dit maître Quantin, qu'on m'accuse de mensonges.

— Je n'ai pas dit que vous aviez menti, reprit l'avocat Grégoire.

— Vous l'avez fait entendre, monsieur.

— Pardonnez-moi, maître Quantin.

— Maître Grégoire, dit le président, je vous invite encore une fois à quitter ce ton de sarcasme et de personnalité qui fait le plus grand tort à la cause que vous défendez.

— Mon honorable adversaire, reprit l'avocat Grégoire sans s'émouvoir, a parlé de ville libre, d'affranchissement des communes, de droits des seigneurs, de corvées, de vilains; et il a oublié de parler de serfs en nous entretenant du malheureux chevreuil... A quoi riment ces belles déclamations? Est-ce que, par hasard, M. le comte de Vorges, en chassant un chevreuil à une lieue de la ville pouvait penser que l'animal grimperait la

montagne et entrerait dans la boutique
d'un épicier ? Mais qui a poussé le chevreuil à s'y réfugier ? cè sont justement
les citoyens de la ville, nos compatriotes.

» Les aubergistes de la Tête-Noire, du
Soleil-d'Or, de l'Écu et du Griffon couraient tous après une proie certaine et ne
se demandaient pas si un comte leur envoyait un chevreuil à la broche, M. Julien
de Vorges a-t-il poussé le chevreuil dans
la boutique de l'épicier Jageot ? Point. Ce
sont nos aubergistes, nos concitoyens, les
habitants d'une ville libre, ne l'oublions
pas, messieurs. J'admets qu'il y ait eu
quelques dégâts dans une épicerie, nous
ne demandons pas mieux que de les payer
argent comptant ; mais l'épicier s'est fait

apothicaire... Oui, monsieur Jageot, vous avez présenté une note d'apothicaire, votre commerce est connu; avec l'imagination qui le caractérise, maître Quantin a transformé une petite boutique noire, enfumée, qui détaille du café et de la chicorée aux habitants de la rue, en un splendide bazar parisien... Les fameux *joas* qui semblent vraiment des prodiges de mécanisme, ces poupées à ressorts, ces polichinelles splendidement habillés, tout cela sort de la fabrication de Notre-Dame-de-Liesse, où, pour quelqus francs, on a une grosse de petites chaises, de petis moulins et de *joa*, dit maître Grégoire en prononçant le mot jouet avec l'accentuation pompeuse de son adversaire. Il n'y avait pas pour dix francs d'objets cassés.

— Oh! s'écria M. Jajeot en se levant.

— Silence! cria l'huissier.

— Quant à la maladie, continua maître Grégoire, je demanderai à la cour l'autorisation de faire comparaître M. Faglain, maître clerc, ici présent, qui pourra donner quelques détails sur l'indisposition de notre adversaire.

— Je m'y oppose, dit maître Quantin; le témoin n'a pas été présent au début de l'affaire; ma plaidoierie serait à recommencer.

— Le tribunal, dit M. le président, ne juge pas à propos d'entendre le témoin que la défense avait caché jusqu'ici.

— M. Faglain, messieurs, est maître clerc de l'étude de maître Creton du Coche, il doit être assez connu du tribunal par son assiduité aux séances judiciaires. L'habitude qu'il a des débats montre avec quelle sincérité il eût déposé : il connaît les peines sévères qui atteignent les faux témoins ; il ne peut pas déposer, cela est fâcheux, mais je dirai ce qu'il aurait pu dire. Le lendemain de la visite du chevreuil à M. Jajeot, il a trouvé celui-ci parfaitement calme, à neuf heures du matin, et déjeûnant d'un grand appétit. M. Jajeot n'a nullement parlé au maître clerc Faglain de ce bouleversement général qui le poussait à prendre de l'huile de ricin ! De l'huile de ricin ! messieurs, savez-vous ce que c'est que de l'huile de ricin ? Mon adversaire l'a parfaitement qualifiée de liquide nauséabond et répugnant; on voit par l'horreur de maître Quantin à l'endroit de cette drogue, qu'il l'emploie pour chasser les biles que lui procure un travail assidu.

— Maître Grégoire, s'écria le président, je vous rappelle encore une fois à l'ordre.

— Je comprends, messieurs, qu'un bouleversement de notre être soit très dangereux : la colère, la frayeur amènent quelquefois des perturbations qui jettent la bile dans le sang, d'où la jaunisse, *indè jaunissa*; et si le tableau du désastre avait été aussi grand dans la boutique de

M. Jajeot que maître Quantin l'a peint, M. Jajeot aurait fort bien fait de se purger dès le lendemain matin. Mais l'épicier ne s'est pas purgé, messieurs nous en avons la preuve par le témoignage de M. Faglain. Que dit-il? suivons-le pas à pas dans sa visite à M. Jajeot. M. Jajeot est calme à neuf heures du matin. Est-on jamais calme à neuf heures du matin quand on a pris de l'huile de ricin, qui exerce une si grande tourmente dans notre pauvre corps? On me dira : M. Jajeot avait bu la drogue de bonne heure. Mettons qu'il l'ait prise à six heures du matin ; comment, au bout de trois heures le calme serait-il revenu? Et, en supposant que l'effet de la médecine fût passé, il en reste des traces, messieurs, sur la

physionomie. Il ne se passe pas de ré-
volution intérieure sans que les yeux, le
teint, la peau ne changent d'aspect et ne
témoignent des révoltes intestinales. »

— Maître Grégoire, dit le président, je
vous engage à abréger ces détails révol-
tants ; l'assemblée elle-même vous con-
damne.

L'avocat, emporté par sa plaidoirie, ne
s'apercevait pas que les dames de la ville
se couvraient la figure, pendant que
maître Quantin faisait une grimace de dé-
goût.

— Cependant, messieurs, dit maître
Grégoire, on vient vous lire une ordon-

nance de médecin qui, après tout, est aussi explicite que ma plaidoirie. Chacun connaît les propriétés de l'huile de ricin, et généralement on ne s'en sert pas avant d'aller au bal.

— L'ordonnance du médecin, dit le président, est courte et n'entre pas dans des considérations hygiéniques et médicales sur lesquelles vous auriez pu glisser avec modération.

— Vous m'avez interrompu, monsieur le président, quand j'allais terminer. Ce que j'ai dit jusqu'alors ne serait pas encore assez probant si je ne vous montrais après cette purgation, M. Jajeot se mettant à table immédiatement et mangeant d'un grand appétit. Or, messieurs, je veux bien qu'il y ait eu purgation, mais alors M. Jajeot ne serait pas ici à cette heure; il serait dans son lit, malade, peut-être même en terre, car on n'a jamais vu manger de grand appétit après une purgation. Qui ordonne purgation ordonne diète. M. Jageot n'a pas fait diète, donc il ne s'est pas purgé. Non, monsieur Jageot, vous ne vous êtes pas purgé.

» Et maintenant j'arrive à un autre ordre de choses, ayant suffisamment prouvé que si M. Jajeot ne s'est pas purgé, c'est qu'il n'a pas éprouvé cette violente commotion dont nous a parlé maître Quantin; s'il n'a pas éprouvé de violentes commotions, c'est que le désastre dans sa boutique était de peu d'importance. La purgation, la commotion, iront donc rejoindre la mère du chevreuil et les cruels molosses qui, à cette heure peut-être, loin d'une ville libre, continuent à ravager les champs, les bois, les blés, les biens de la terre.

» M. Jajeot est jusqu'ici le seul plaignant; c'est lui qui a le plus souffert dans sa santé et dans son commerce; mais, messieurs, j'ai derrière moi un homme honorable, connu de toute la ville, qui a supporté bien d'autres ravages, et il ne se plaint pas; bien plus, il est devenu l'ami de mon client à la suite de l'entrée du chevreuil dans sa maison; aujourd'hui il l'assiste à ces débats, il le patronne pour ainsi dire. Les marmitons, les garçons d'hôtel, les bouchers sont entrés à main armée dans sa maison, ils ont troublé le repos de sa jeune femme ; le chevreuil a cassé nombre de bouteilles dans la cave ; on a ensanglanté son domicile en tuant l'animal qui s'y était réfugié. M. Creton du Coche n'a rien dit, rien réclamé. Il a vu un simple accident dans le fait du chevreuil ; c'est lui qui devrait réclamer des dommages-intérêts, et vous nous avez forcés, à notre grand regret, de plaider contre un avide voisin, M. Jajeot, épicier, qui se dit lésé dans ses intérêts, et qui nous a apporté un mémoire que messieurs de la cour reconnaîtront exagéré, ridicule, et pour lequel nous leur demandons la justice qu'on leur reconnaît depuis longtemps. »

Si le jugement avait été rendu aussitôt après le discours de maître Grégoire, peut-être eût-il été plus favorable au comte de Vorges ; mais il restait à entendre maître Quantin, qui se leva brusquement en demandant à répondre. Le célèbre avocat avait été blessé du discours de son confrère, et la colère sortait violemment de chacun de ses gestes. Le président, qui sentait que le sentiment public avait un peu baissé à l'égard de l'épicier Jajeot, autorisa la réponse.

— Vous avez écouté, messieurs, dit l'avocat Quantin, ce plaidoyer digne d'être entendu dans une officine de pharmacien ; vous avez vu quelle bassesse de moyens ne rougit pas d'employer notre adversaire;

je m'en vais le réfuter victorieusement en peu de mots, sans entrer dans la voie déplorable où il lui a plu d'entraîner l'affaire. Je ne discuterai pas, messieurs, les propriétés de l'huile de ricin, cela est inutile à la cause; j'ai eu l'honneur de vous lire l'ordonnance de notre célèbre praticien, le docteur Dufour, qu'on a méchamment cherché à faire un complaisant de M. Jageot.

» La religion de M. Dufour est connue de toute la ville; chacun sait qu'il n'irait pas signer de son nom les symptômes d'une maladie qui n'existerait pas. M. Jajeot, le lendemain du jour où le chevreuil a mis sa boutique au pillage, avait la langue épaisse et blanchâtre, son pouls offrait des pulsations précipitées, le docteur Dufour l'atteste par son ordonnance écrite de sa main ; certes, cette attestation vaut bien, je l'imagine, les propos de ce M. Faglain, qu'on fait tout d'un coup intervenir dans les débats. La loi qui, aux assises, fait que chaque témoin est obligé de déclarer s'il est parent ou allié ou au service de l'accusé, peut être appliquée ici, messieurs.

» M. le comte Julien de Vorges est devenu l'ami de M. Creton du Coche, toute la ville le sait depuis longtemps; on en parle assez pour qu'il fût inutile à notre adversaire de le certifier et de rendre cette amitié aussi publique: Nous ne rechercherons pas les causes de cette amitié; la vie privée doit être murée, et quoique les harangues de maître Grégoire nous autorisent à entrer dans cette voie perfide, nous laisserons le comte de Vorges emmener M. Creton du Coche à la campagne et lui procurer toutes les distractions imaginables; mais M. Creton du Coche a un maître-clerc qui dépend de lui. On ne peut pas dire que M. Faglain soit à son service, cependant il touche des appointements à l'étude en sa qualité de maître-clerc; il subit les influences de son patron, il y est obligé même par esprit de conduite. Si le patron est ami de M. le comte Julien, le maître-clerc n'est-il pas entraîné à se dévouer également à l'ami de son patron ? C'est ainsi que M. Faglain, quand même il aurait vu M. Jajeot à la mort trouverait, sans s'en rendre compte lui-même, qu'il a bonne mine, qu'il n'est pas malade et qu'il ne doit pas avoir pris médecine.

» La vie est ainsi faite, messieurs, toute d'entraînements. Mais nous sommes assuré que le tribunal ne mettra pas dans la balance de Thémis les propos d'un maître-clerc avec une ordonnance émanée d'un des princes de la science de notre cité. Nos adversaires, messieurs, ne sachant sur quelles raisons s'appuyer, ont tout à coup dénigré le magasin de M. Jajeot, et les *joas* qui l'emplissent. Ils disent que jamais on n'a vu à la montre que des *joas* de pacotille, issus de la fabrique de Notre-Dame-de-Liesse. Voici des factures, monsieur, des meilleures fabriques de Paris ; en voici de l'honorable et importante maison de commission d'Eschewailles, en voici de la maison de fabrication Schann père, rue aux Ours ; en voici de la maison Dufourmentelle ; elles sont acquittées, les prix sont en regard, et je prierai messieurs les membres du tribunal de vouloir bien y jeter un coup d'œil. »

L'avocat passa les factures à l'huissier, qui les porta sur le bureau du président.

— Sont-ce là ces *joas* communs, ces *joas* à un sou, ces *joas* à dix francs la grosse ? Je vous le demande, messieurs, de quel côté est la vérité ? Nos adversaires ont été trop loin, nuisant à leur propre cause et se blessant comme un enfant qui touche à une arme dont il ignore le maniement.

» On comprendrait, au besoin, que nos adversaires aient marchandé, quoique ceci sente furieusement une cuisinière qui va au marché et qui se débat tant qu'elle peut pour mieux faire sauter l'anse du panier. Nos adversaires, tout nobles qu'ils sont, auraient donc pu se faire tirer l'oreille un peu pour payer.

» Mon Dieu! on peut être noble sans être généreux, cela se voit tous les jours; mais nier les dégâts au point de forcer un honnête homme de marchand à vous traîner devant les tribunaux, apporter devant la justice un titre de noblesse avec l'espoir qu'il rendra votre cause meilleure, ce sont des moyens d'ancien régime, et les juges d'aujourd'hui ne se laissent plus influencer par de vains titres. Nous n'avons rien laissé d'obscur dans l'accusation, nous avons songé à tout, à la mauvaise foi de nos adversaires, et nous voulons que chacun, en sortant de cette enceinte, puisse dire hautement : J'ai vu, j'ai touché le délit. Voici les *joas*, messieurs. »

Là-dessus, maître Quantin sortit de ses longues manches des poupées, des polichinelles, des animaux éventrés, sans tête ni queue, la bourse sortant des intestins, les robes déchirées et dans un si pitoyable état qu'on aurait pu croire que ces joujous avaient été piétinés pour servir la bonne cause.

— Qu'en pensez-vous, messieurs? Examinez-les. Joseph, dit l'avocat à l'huissier, faites passer les *joas* à messieurs les juges. Messieurs, je vous en prie, quoique cette action semble indigne de magistrats graves, tirez un peu les fils de ces pantins : rien ne va plus. Regardez attentivement ce lapin qui battait de la caisse par un ingénieux mécanisme dépendant des roues sur lesquelles il est fixé; le tambour est crevé, une des baguettes est perdue, et le mécanisme est entièrement délabré. M. Jajeot l'avait confié à l'horloger son voisin ; l'horloger a répondu que l'art n'y pouvait rien.

» Et je n'ai apporté que des échantillons des dégradations, messieurs; une majeure partie de la boutique est dans cet état. Il a été impossible de ramasser les sucreries pilées, les bocaux éventrés, les liqueurs nageant dans le magasin.

» Croyez-vous, messieurs, que mille francs soient une somme trop forte pour réparer ces désastres ? Non, vous nous trouverez modestes, nous ne forçons pas les chiffres comme les défenseurs qui demandent des sommes exorbitantes afin d'en obtenir la moitié.

» C'est par des dommages-intérêts, messieurs, que vous forcerez à reconnaître la loi et les droits des citoyens, des personnes qui ne respectent rien, qui troublent l'intérieur des familles, et qui croient tout effacer par de vains titres de noblesse. Ils devraient en garder la pureté avec plus de soin.

— Je demande la parole, dit maître Grégoire aussitôt que maître Quantin se fut assis.

— La cause est entendue, répondit le président du tribunal. Nous rendrons le jugement à huitaine.

— Nous sommes condamnés, dit Grégoire à Julien, qui ne l'écoutait pas, et qui fendit la foule pour s'approcher du banc où maître Quantin recevait des félicitations sur son beau morceau d'éloquence.

— Monsieur, dit Julien à l'avocat, j'ai à vous parler tout à l'heure.

— Tout de suite, monsieur, dit l'avocat, un peu effrayé du ton du jeune homme.

— Quand vous sortirez, monsieur, s'il vous plaît; je ne tiens pas à faire de scandale ici.

— Mais, monsieur, je n'ai pas le temps : j'ai affaire à la Justice de paix.

— A quelle heure, monsieur, dit Julien, est-on certain de vous rencontrer chez vous?

— Je reçois mes clients de dix heures à midi.

— J'irai donc demain, monsieur, chez vous, pour une affaire importante.

L'avocat Quantin était excessivement pâle pendant que Julien lui parlait, et il ne reprit ses sens qu'en voyant le comte s'en aller froidement de la salle d'audience, donnant le bras à son cousin Jonquières et parlant à M. Creton du Coche le plus naturellement du monde.

II

La maîtresse de pension.

Après une tournée d'une quinzaine de jours, madame Chappe revint à Molin-chart, et sa première visite fut pour mademoiselle Ursule Creton, qui la reçut avec plus de démonstrations d'amitié qu'on ne l'en eût supposée capable ; mais la vieille fille était tellement avide des renseignements qu'elle attendait sur sa belle-sœur, que, tous les jours, elle faisait une prière à ses enfants-jésus de cire pour hâter l'arrivée de la maîtresse de pension. Au contraire, madame Chappe jeta un peu d'eau sur le feu de cette expansion en se montrant réservée et presque froide.

Dans le premier moment de la découverte de la passion de Julien pour Louise, madame Chappe fut tellement heureuse, qu'elle en écrivit deux mots à la vieille fille ; mais la réflexion lui vint pendant les quinze jours qu'elle passa à visiter ses élèves, et elle pensa qu'elle s'était trop avancée en donnant par écrit un récit de ce qu'elle avait vu.

— J'ai reçu votre lettre, lui dit la vieille fille; que c'est gentil d'avoir pensé à moi.

— Il n'y avait rien dans cette lettre de bien intéressant.

— Au contraire, ma chère dame, ce sont les premières preuves ; malheureusement, vous n'en avez pas écrit assez long, et je vous attendais avec une impatience..... Comme vous devez avoir à m'en raconter... Tenez, j'ai là votre petit mot dans ma boîte à ouvrage, et tous les matins, en me réveillant, je le lis... Voyons, dites-moi ce que vous avez découvert..... Croyez-vous que j'avais raison quand je prêchais mon frère de ne pas se marier, surtout avec une femme pareille... J'en ai parlé à mon confesseur, qui a bien voulu m'absoudre, quoique je me trouve plus coupable que si trompais M. Creton.

— Ce n'est pas de votre faute, mam'selle, dit la maîtresse de pension, si madame Creton est courtisée par le comte de Vorges.

—Si, dit la vieille fille. Je n'ai pas encore assez lutté; j'aurais dû me faire couper en quatre pour empêcher ce mariage... Mais je n'y puis rien, c'est fini, mon pauvre frère est déshonoré.

— Pas encore, dit la maîtresse de pension.

— Montré au doigt dans la ville.

— On le sait donc? demanda madame Chappe avec une certaine inquiétude.

— Tout le monde en parle, et si ouvertement, que M. l'avocat Quantin s'est cru obligé d'en dire un mot dans son plaidoyer, et que ce jeune muscadin l'a été, le lendemain, demander en duel.

— Le comte de Vorges? s'écria madame Chappe.

— Mais certainement; je connais beaucoup M. l'avocat Quantin; il me fait l'amitié de m'engager toujours à ses soirées; je n'y vais pas à cause de mon âge; ce n'est pas ma place. Dernièrement, il passait dans la rue; je l'appelle et je lui raconte l'affaire, car je sais qu'il est de bon conseil, et je lui montre votre lettre.

— Comment, madame, s'écria la maîtresse de pension, vous lui avez montré ma lettre ?

A ce mot de *madame*, qui venait de s'échapper avec un accent particulier de la bouche de madame Chappe, la vieille fille regarda la maîtresse de pension avec une certaine défiance.

— Qu'y a-t-il? demanda-t-elle, n'ai-je pas bien fait ?

Depuis que la vieille fille avait parlé de la lettre, madame Chappe semblait, en effet, embarrassée; elle n'écoutait pas assidûment les paroles de mademoiselle

Créton, elle ne la regardait pas, et son attention physique et intérieure semblait portée ailleurs. La maîtresse de pension était en proie à une idée qui la préoccupait.

A peine la vieille fille eut-elle prononcé *n'ai-je pas bien fait?* que madame Chappe se précipita sur la boîte à ouvrage, y trouva le petit mot de billet et le déchira avec une joie visible.

— Non, madame, vous n'avez pas bien fait.

La vieille fille fut effrayée de cet acte, et, aussitôt que le sentiment lui revint, elle regarda la maîtresse de pension avec ces yeux irrités que prennent les vieilles chattes quand un chien étranger s'approche de la chaise où elles sont assises. Mais madame Chappe supporta cette colère sourde avec la tranquillité des chiens qui se rendent compte que la chatte est trop vieille pour commencer le combat.

Quoique cette action se passât subitement, sans bruit et sans parole, et qu'il y eût un silence de quelques minutes, on entendit, sous la chaise de la vieille fille, un grognement sourd de l'*Amour*, tant aimé, qui sentait qu'on avait attenté à la propriété de sa maîtresse.

— Me direz-vous, madame, ce que cela signifie? s'écria la vieille fille.

— Cela signifie, s'écria madame Chappe, que vous avez abusé de cette lettre.

— Pourquoi me l'avez-vous envoyée, madame ?

— Parce que, madame, je désirais vous montrer le soin que je prenais de l'honneur de votre famille, et, qu'en la montrant, vous m'avez compromise inutilement, ainsi que vous.

— Vous, compromise ! s'écria la vieille fille, et en quoi, madame, s'il vous plaît ?

— Le comte de Vorges va savoir que je vous ai écrit et il me retirera sa confiance. Votre belle-sœur n'est pas coupable encore ; le scandale causé dans la ville va faire que M. Creton du Coche le saura, que M. Julien de Vorges quittera le pays et retournera chez sa mère... Vous voyez donc, madame, que vous avez eu tort de montrer cette lettre à un avocat qui, dites-vous, en a parlé au tribunal.

Il y eut un nouveau temps de silence pendant lequel les deux femmes ne se quittaient pas des yeux : Ursule Creton pesait les paroles de la maîtresse de pension, étudiait ses traits, et cherchait à se rendre compte des motifs qui lui avaient fait déchirer la lettre.

Tout d'un coup, la figure de la vieille fille se détendit, et elle chercha à parlementer, tout en se tenant sur la défensive.

— Allons, ma chère madame Chappe, rassurez-vous, dit la vieille fille; il n'a pas été question de votre lettre à l'audience... J'ai eu tort, je l'avoue. Quel malheur si cette affaire en restait là !... Il faut que mon frère soit puni comme il le mérite..... Il faut que sa femme le trompe ouvertement, à telles enseignes que cela soit bien visible et bien établi pour chacun... Le malheureux ! qui sort de sa position, qui néglige ses parents ; mais êtes-vous bien sûre que madame Creton ne se soit pas encore laissée prendre aux belles paroles du jeune homme ?

— Madame Creton partait presque en même temps que moi de Vorges, dit la maîtresse de pension ; et, d'après ce que j'ai pu observer de cette jeune femme, elle est encore innocente à l'heure qu'il est.

— Comme cela est fâcheux, dit la vieille fille. Cependant ce jeune homme ne quitte pas la ville ; il s'est logé sur la place, en face la maison de mon frère ; c'est scandaleux, toute la ville le voit... Heureusement, les maris n'en savent jamais rien.

— Monsieur Creton l'ignore?

— Oui, dit la vieille fille ; d'après ce que m'a dit M. l'avocat Quantin, il n'a pas paru prendre garde à son discours.

— L'affaire, dit madame Chappe, est moins compromise que je ne le croyais; vous ne m'en voulez plus, mam'selle, de ma vivacité, n'est-ce pas? d'autant plus qu'en arrivant à Molinchart, j'ai été tracassée par une affaire qui me rend de mauvaise humeur.

— Qu'est-ce qui peut donc, ma chère madame Chappe, vous contrarier de la sorte ?

— Une misère, dit la maîtresse de pension ; je suis un peu gênée ; j'attendais des fonds d'une personne de Paris, et j'ai un paiement assez important à faire pour le premier terme de mon établissement.

La vieille fille garda un silence prudent.

— Mille francs seulement me tireraient d'embarras pour le moment. Si vous saviez, mam'selle, combien il est difficile d'emprunter dans une ville où on arrive, où on n'est connue de personne !

Ursule toussa.

— J'aurais bien mieux fait, dit madame Chappe, de ne pas perdre mon temps à la campagne de la comtesse de Vorges, et de m'occuper à faire rentrer mon argent de Paris.

— Si votre pensionnat était payé, dit la vieille fille, vous trouveriez facilement de l'argent sur hypothèque.

— Oh! cela est certain, dit madame Chappe, et je n'aurais pas besoin de faire connaître mes embarras à des personnes qui se servent de vous à un moment donné, qui font les plus belles offres du monde, et qui, quand il s'agit de vous rendre un léger service, vous laissent noyer sans vous tendre seulement un fétu de paille.

— Mais, dit la vieille fille sèchement, vous ne m'avez rien dit sur ce que vous avez observé à la campagne; vous me montrez madame Creton comme un ange de vertu; il me semble que ce ne sont pas là de brillants résultats.

— Madame, dit la maîtresse de pension en se levant et en rangeant sa chaise, prenez-vous pour rien d'être entrée dans la confidence du jeune homme et de l'avoir amené à n'agir que par moi ?

— Allons, madame Chappe, vous vous

enflammez bien vite ; mais vous comprenez que mille francs sont une somme énorme pour une pauvre fille comme moi, qui donne le peu qu'elle a en charités ; si vous arriviez avec un résultat positif, certainement je n'hésiterais pas à vous faire trouver les mille francs, je me gênerais, s'il le fallait... je ferais encore des économies. Malheureusement, aujourd'hui, il m'est impossible de vous venir en aide, et surtout j'aurais besoin de bonnes preuves, vous m'entendez bien ?

— Certainement, dit la maîtresse de pension, qui sortit honteuse de cette fausse démarche ; j'aurai le plaisir de vous revoir, mademoiselle, quand j'aurai des preuves positives.

Madame Chappe sortit irritée, au moins autant contre elle-même que contre la vieille fille.

Toute cette affaire avait été menée avec une légèreté sans pareille ; elle se reprochait surtout sa lettre, qui avait servi de mèche à l'incendie des propos de province.

Quoiqu'elle ne connût pas dans tout son détail le procès, la maîtresse de pension se disait que Julien avait dû être douloureusement affecté des insinuations de maitre Quantin, et qu'en étudiant d'où pouvaient venir ces bruits, le comte pourrait remonter aisément à la source. Si Julien avait quelques soupçons sur la conduite de madame Chappe, elle venait de se compromettre trop ouvertement en rompant avec mademoiselle Creton.

Le temps qu'elle avait passé à l'amadouer était à peu près perdu ; désormais la vieille fille se montrerait défiante vis-à-vis d'une femme qui estimait ses services, et qui les faisait payer avant de les avoir rendus.

Les méchants sont remplis de ces combinaisons embrouillées, très difficiles à démêler, et qui leur tourmentent l'esprit au moins autant qu'une invention.

Tout en se reprochant sa vivacité de parole, qui l'entraînait souvent au-delà du but, madame Chappe arriva à sa pension, où elle apprit avec joie qu'un jeune homme élégant était venu quelquefois prendre de ses nouvelles. Elle ne douta pas, au signalement donné par la servante, que ce ne fût le comte, et demanda quand il était venu pour la dernière fois.

— Hier, madame, dit la servante.

Madame Chappe respira plus librement; Julien était encore venu la veille, donc il ne se doutait de rien.

— A-t-il dit quand il reviendrait ?

— Non, madame ; mais il a beaucoup insisté pour connaître le jour de votre retour.

— Bien ! dit madame Chappe.

— Je lui ai répondu que vous ne pouviez tarder, puisque les classes rouvrent après-demain.

— Très bien, ma fille, dit la maîtresse de pension, certaine de revoir bientôt l'amoureux.

Ayant donné ses ordres dans la maison, madame Chappe fit une toilette plus convenable que celle du voyage, et repartit aussitôt dans la ville; la curiosité la poussait à tel point, qu'elle voulut faire connaître son retour au comte de Vorges.

Il eût été maladroit de le lui faire dire, l'intention de la maîtresse de pension étant de voir arriver Julien plutôt que de courir après lui, et elle traversa la place du Marché avec une intention marquée, s'arrêtant devant les boutiques qui font face à l'hôtel de la Tête-Noire, afin que le comte pût la remarquer s'il était chez lui ; mais une idée toute naturelle la conduisit chez M. Creton du Coche, où sa visite n'avait rien que d'ordinaire, depuis qu'elle avait rencontré sa femme à la campagne. M. Creton était absent, mais, sur la demande de madame Chappe, elle fut introduite auprès de Louise.

La maîtresse de pension fut frappée du changement qui s'était opéré dans la physionomie de la jeune femme ; elle était excessivement pâle, quoique la couleur de son teint l'empêchât de paraître aussi fatiguée qu'une femme blanche; mais ses yeux allongés se noyaient dans des paupières entourées d'un ruban trop noir pour n'être pas maladif. Le sourire était triste et cachait de sourdes amertumes.

— Est-ce que vous avez été malade? madame, demanda madame Chappe.

—Non pas précisément, répondit Louise de sa voix douce.

— Il me semble que vous êtes changée depuis que je n'ai eu le plaisir de vous voir à la campagne.

— J'ai eu la fantaisie d'aller un soir au cirque, dit Louise; je ne sais, le froid m'aura pris, je suis revenue atteinte d'un violent frisson, et, depuis ce temps, j'ai peine à me remettre; mais ce ne sera rien.

Pour ne pas effaroucher la femme de l'avoué, madame Chappe tint, pendant quelque temps, la conversation banale, parlant de la température sur une montagne, du danger de s'exposer aux fraîcheurs du soir, questionnant Louise sur la santé de son mari. Puis, elle aborda la grande question en prenant un petit détour.

— Y a-t-il longtemps que vous n'avez vu madame la comtesse de Vorges?

Louise répondit que, depuis sa rencontre au château avec madame Chappe, elle n'avait pas eu cet honneur.

— Mais vous recevez sans doute de ses nouvelles ?

— Non plus, madame.

— Nous allons la voir incessamment, dit la maîtresse de pension, car il est présumable qu'elle amènera elle-même sa chère Elisa.

— Je ne sais, madame, dit Louise, qui répondit avec le plus de brièveté possible aussitôt que le nom de la comtesse fut prononcé.

— M. son fils a donc eu un procès? demanda madame Chappe.

Louise fit un signe de tête affirmatif.

— Quel charmant jeune homme ! s'écria l'institutrice.

Madame Chappe ne quittait pas Louise des yeux ; elle cherchait si la jeune femme avait un secret caché, et, devant sa figure calme et maladive, son inquisition échouait.

La maîtresse de pension sentait combien la conversation était pénible de côté et d'autre, et combien il lui serait difficile d'arracher un mot ayant trait à ce qu'elle avait tant d'intérêt à découvrir.

Il se passe quelquefois des phénomènes si singuliers en amour, que les esprits les plus observateurs se laissent égarer.

Un amoureux expansif, qui conte ses plaintes et son martyre à tous ceux qui veulent l'écouter, devient souvent un amant impénétrable.

Moquez-vous de son martyre, irritez-le, il restera impassible et pourra être pris pour un soupirant quand il est passé à l'état d'amant heureux.

Les femmes, naturellement, sont plus fortes à ces ruses que les hommes; plus on essaie de les étudier, plus il est difficile de connaître l'état de leur cœur.

Il faut, quand on veut arriver à la vérité, vivre au moins quelques jours avec les *prévenus*, et attendre patiemment qu'un mot, un regard, une action, en apparence insignifiante, vous donnent la clé de leurs cœurs.

Madame Chappe avait assez vécu pour sonder la difficulté de son rôle de juge d'instruction en jupons; aussi détourna-t-elle encore une fois la conversatiou en priant Louise de lui raconter les événements qui avaient amené le procès du chevreuil.

Louise rapporta en peu de mots ce qu'elle avait vu de ses yeux dans sa maison, et les différents incidents qui déterminèrent l'épicier Jajeot à plaider contre le comte; mais elle ne sut ou ne voulut pas dire ce qui s'était passé à l'audience.

— Me permettez-vous, madame, dit la maîtresse de pension, de venir quelquefois vous rendre visite? J'ai vu beaucoup de personnes de la ville, mais vous êtes réellement celle qui me plaît le plus.

Après divers compliments, que Louise reçut avec quelque froideur, la maîtresse de pension prit congé d'elle.

Mais, le lendemain, elle fut dédommagée de son échec auprès de la femme de l'avoué par l'arrivée de Julien, qui portait aussi, sur sa figure, les traces de violentes émotions.

— Ah! que les amoureux sont singuliers! s'écria madame Chappe, qui, avec le comte, prenait un ton de bonhomie. Vous avez vraiment l'air renversé, que se passe-t-il donc?

— Ne riez pas, madame, dit Julien; tout

ce qui m'est arrivé, depuis que je ne vous ai vue, est grave, plus grave que vous ne le croyez. Louise ne veut plus me recevoir ; jugez dans quel état je me trouve, et, si je ne m'étais retenu en pensant à vous, je crois que j'aurais fait plus d'une imprudence.

Alors Julien raconta son arrivée, la nuit, à Molinchart, sa rencontre inattendue sous les fenêtres de madame Creton du Coche, et les mensonges qu'il avait été obligé de trouver.

— Louise, dit-il, a cru ce que son mari lui a dit ; elle est devenue jalouse de la Carolina, quoiqu'elle n'eût d'abord aucuns motifs ; je suis allé chez elle pour essayer de me justifier ; me doutant qu'elle ne voudrait pas m'entendre, j'avais préparé une lettre, qu'elle a déchirée devant moi, sans la lire. Que pouvais-je faire? Chassé de chez elle, n'osant plus me représenter, j'essayai de lui écrire de nouveau; mais à qui me confier? Dans cette petite ville, tout se sait; en pleine audience, une espèce d'avocat m'a fait entendre que je voulais troubler le repos d'un ménage. Je vous dirai cela tout à l'heure ; maintenant j'arrive au commencement du drame singulier dans lequel je joue un rôle absurde. Un soir, Louise vint au cirque, ce n'était guère par une simple curiosité, comme vous le pensez, elle ne s'intéressait pas aux exercices des écuyers. Elle y venait par jalousie, elle voulait voir sa prétendue rivale, la Carolina, une écuyère qui me

donne des leçons. Je suis allé saluer son
mari, qui était avec elle, et elle ne m'a pas
dit un mot de la soirée ; tout à coup la Carolina entre sur son cheval ; comme elle
était liée avec moi, elle a l'habitude de me
faire un petit signe de tête en entrant et en
s'en allant. Je regardais Louise, je la vois
pâlir et prête à se trouver mal.

— Qu'avez-vous, madame ? lui dis-je ;
elle ne répond pas ; mais je fus bien plus
effrayé quand je vis les sourcils de la Carolina se froncer et une colère subite s'emparer d'elle ; elle ne m'avait pas salué
comme à l'ordinaire, mais elle avait jeté
un double regard : le premier sur Louise et
le second sur moi, qui me firent connaître
la vérité que je ne soupçonnais pas. Dans

mon désespoir d'être repoussé par Louise, j'avais eu l'idée de me détacher d'elle en m'attachant à la Carolina; mais cette pensée n'avait fait que luire une minute pour s'éteindre immédiatement. Et il s'était trouvé que, sans m'en douter, la Carolina était devenue réellement folle de moi; je vous dis cela sans amour-propre, parce que les faits de cette soirée sont là malheureusement pour le prouver. Jamais un cheval n'a été cravaché avec autant de colère que celui que montait l'écuyère; le pauvre animal supportait, sans le comprendre, la présence de Louise au cirque. A chaque tour que faisait la Carolina, elle me lançait des éclairs de haine que Louise ne pouvait se dissimuler. Elle aussi ne voyait que trop combien la Carolina m'aimait, et elle pouvait croire que je partageais la passion de l'écuyère. Dieu sait ce que j'aurais donné pour n'être pas allé ce soir-là au cirque; je renonce à vous donner une idée du tournoiement infernal dans lequel la Carolina entraînait son cheval; les écuyers, quoique habitués à ses hardiesses, étaient effrayés; pas un d'eux n'aurait osé s'opposer au galop furieux du cheval qui tournait, toujours emporté par les coups de cravache et les cris sauvages de cette femme. Louise était tremblante d'émotion, elle ne savait comment se terminerait cette scène. Hélas! elle s'est terminée comme je ne le soupçonnais que trop : le cheval fit un faux pas, et la Carolina fut jetée, la tête la première, contre un poteau de bois... Je cours un des premiers dans l'arène, sans me rendre compte si je n'apportais pas une preuve de plus à Louise... On transporta la Carolina évanouie hors du cirque; pendant quatre jours, on l'a crue perdue, mais maintenant elle paraît hors de danger.... Comment voulez-vous que j'explique à Louise ces faits? Elle croit que je l'ai trahie, abandonnée, et les apparences sont contre moi. Est-ce ma faute si la Carolina s'éprend de passion pour moi? J'allais, il est vrai, me promener à la campagne avec elle, à cheval, mais toujours en compagnie de Jonquières, et je ne me doutais pas de l'accident qui devait résulter de ces promenades innocentes. Dites, madame, que faut-il faire?

— Tout n'est pas perdu, dit madame Chappe ; j'ai vu Louise.

— Que vous a-t-elle dit?

— Je l'ai vue si peu...

— Vous a-t-elle parlé de moi ?

— Non, dit la maîtresse de pension, mais je lui ai parlé de vous.

— Ah! s'écria Julien... Eh bien ?

— Elle est au moins aussi désolée que vous.

— Elle vous l'a dit?

— Je l'ai bien compris. Elle est pâle, maladive.... Comment.... vous paraissez heureux; c'est mal, monsieur Julien.

— Puisque je souffre, dit le comte, je suis content qu'elle souffre.

— Est-ce que vous ne le saviez pas?

— Comment? je vois M. Creton du Coche le moins que je peux; il me fatigue par sa sottise; il ne s'inquiète seulement pas de sa femme : il ne m'a pas dit dans quel état elle se trouvait.

— Vous souhaitez maintenant un mari amoureux de sa femme, de la femme que vous aimez; vous n'êtes pas raisonnable non plus, dit madame Chappe.

— Sans aimer sa femme, M. Creton pouvait m'en donner des nouvelles ; j'aurais demandé la permission d'aller rendre visite à Louise. Je vois souvent passer le mari dans la rue ; il est toujours aussi content de lui-même, et il ne se doute pas des souffrances morales de sa femme.

— C'est fort heureux, dit la maîtresse de pension ; il aurait été assez difficile à Louise d'expliquer que la jalousie qu'elle a contre une étrangère la fait maigrir.

— Elle a maigri ? demanda Julien avec intérêt. Pauvre femme ! Et il aurait suffi d'un mot pour qu'elle se tranquillisât ; elle ne serait pas venue au cirque par dépit, afin de voir celle qu'elle croit ma maîtresse ; la Carolina ne serait pas devenue

furieuse et ne se serait pas tuée à moitié...
Voyez, madame, à quoi peut mener la
susceptibilité des femmes! Ah ! je voudrais
la revoir, un moment, un seul instant ; je
donnerais ma fortune pour lui dire que je
l'aime encore, que je l'aimerai toujours,
et puis je partirais, et, si elle ne voulait
plus me rencontrer, je lui jurerais de ne
plus chercher à la revoir.

— Pensez-vous que je vous croie? dit
madame Chappe ; en ce moment, votre seul
désir est de la voir une seconde, afin de
profiter de cette seconde pour lui demander de la revoir le lendemain... Mais vous
ne me parlez pas de l'affaire du tribunal?

— Que m'importe le tribunal ! Dites-moi

donc tout au long votre conversation avec Louise : vous ne sauriez croire combien je suis heureux de rencontrer quelqu'un qui lui a parlé.

Julien regardait madame Chappe avec les mêmes yeux qu'il aurait regardé Louise.

Les vieilles femmes qui ont beaucoup vécu comprennent le charme qu'elles exercent vis-à-vis de l'amant, quand elles lui parlent de la maîtresse, et de la maîtresse, quand elles lui parlent de l'amant. Ce ne sont plus des vieilles femmes, ce sont des anges consolateurs.

Il faut être étranger à toute affaire amoureuse pour être choqué de la laideur des vieilles femmes, qui servent de trait-d'union ordinaire à la jeunesse et à la beauté.

La vieillesse n'existe plus pour les gens qui aiment : ils ne voient qu'un messager céleste qui calme leur tourment, dissipe leur chagrin, amène les réconciliations, et rend heureux jusqu'au lendemain.

— Vous a-t-elle permis de retourner la voir? demanda Julien.

— Certainement.

— Oh! si j'osais vous prier, ma chère dame... je serais trop heureux...

— Dites; vous savez, monsieur Julien, combien je m'intéresse à vous.

— Pourriez-vous la revoir demain?

— Demain, dit la maîtresse de pension, c'est bien.

— Je vous en prie.

— C'est que, reprit madame Chappe, j'ai, pendant quelques jours, à courir la ville pour une affaire d'intérêt qui me tracasse énormément. On est excessivement défiant dans ce pays ; je ne sais à qui m'adresser pour réaliser un emprunt de mille francs, dont j'ai le plus grand besoin.

— Comment, madame Chappe, dit le comte, n'avez-vous pas pensé à moi? Je croyais vous avoir dit que je donnerais toute ma fortune pour voir Louise... En rentrant à l'hôtel, je vais vous envoyer cette petite somme immédiatement.

— Non, non, dit madame Chappe, vous êtes trop bon, je n'accepte pas.

— Et, dit Julien, si vous aviez encore besoin de quelque somme plus importante, n'hésitez pas à recourir à moi, en me prévenant quelques jours à l'avance.

— Comment Louise ne vous aimerait-elle pas avec un cœur si généreux ? dit madame Chappe. Ah ! elle vous aimera, soyez-en sûr, vous, l'homme le meilleur que j'aie jamais rencontré. J'irai demain, j'irai tous les jours, et je n'aurai pas de cesse que vous ne l'ayez vue.

— Si je lui écrivais ? dit Julien.

— Oui, dit madame Chappe, je porterai la lettre. Au fait, non, n'écrivez pas. Il ne faut pas que Louise se doute de notre intelligence, elle ne me recevrait plus ; laissons tomber sa colère. Mais, avant tout, il s'agit d'éloigner l'écuyère.

— Elle est peut-être bien malade pour quitter la ville. Jonquières est allé la voir; je n'aurai de ses nouvelles qu'en rentrant.

— S'en ira-t-elle sans vous tourmenter?

— Ce n'est pas ma faute si la Carolina s'est attachée à moi, dit Julien; je n'ai aucunement cherché à lui plaire. J'ai fait tout ce que j'ai pu pour adoucir sa maladie; je lui ai envoyé un médecin. Quand elle sera en état de partir, je m'arrangerai de telle sorte qu'elle n'ait pas à souffrir du temps qu'elle a perdu pendant sa maladie. Jonquières a mes instructions, car je n'ose la voir.

— Tel que je vous connais, dit madame Chappe, je suis sûre que l'écuyère ne s'en ira pas les mains vides.

— N'est-ce pas tout naturel? je suis la cause indirecte de l'accident de cette pauvre fille... Quand vous verrez Louise, n'oubliez pas, madame Chappe, de lui parler de moi.

— J'en parlerai avec adresse; ne craignez rien, je lui raconterai vos aventures avec la Carolina sous le jour le plus favorable, et je suis sûre que vous serez pardonné avant d'avoir dit un mot.

— Je pars, ce soir, pour Vorges, dit Julien, j'ai reçu une lettre de ma mère, qui me prie d'aller chercher ma sœur.

— Nous allons donc revoir cette chère enfant?

— Demain, madame Chappe, je vous ramènerai Elisa, et j'espère avoir de bonnes nouvelles.

— Oui, bon jeune homme, dit la maîtresse de pension, vous serez heureux, foi de madame Chappe!

III

La société racinienne.

Depuis quelque temps, Jonquières était aussi tracassé que s'il eût aimé lui-même ; il avait été trouver l'avocat Quantin seul, afin d'éviter toute rencontre entre Julien et l'avocat.

Tel qu'il connaissait Julien, et tel que l'avait rendu son amour contrarié, il était facile de prévoir une suite fâcheuse à l'entrevue ; dans n'importe quelle condition, le comte n'eût refusé un duel ; mais en présence des rigueurs de Louise, il recherchait avec avidité les occasions dangereuses, et se serait fait tuer sans regrets.

Le lendemain de l'affaire du tribunal, Jonquières se rendit de grand matin chez maître Quantin, et il remarqua un agent de police qui semblait en faction devant sa maison.

L'avocat avait juste la bravoure qui consiste à insulter un adversaire à l'audience et à recevoir avec calme sa réponse ; mais en dehors du palais, il se croyait hors d'atteinte, et ce fut avec un étonnement simulé qu'il reçut Jonquières, car les paroles de Julien, à la fin de l'audience, semblaient lui promettre un visiteur plus redoutable.

— Monsieur, lui dit Jonquières, il vous est échappé dans votre plaidoirie des paroles dont mon cousin désire avoir l'explication.

— Je comprends, monsieur, dit l'avocat, que M. le comte de Vorges ait pu se trouver froissé des attaques que j'ai dirigées contre la noblesse.

— Il ne s'agit pas de noblesse, dit Jonquières.

— Pardonnez-moi, monsieur, et vous allez comprendre que je ne pouvais traiter la question sous un autre jour : d'un côté, un épicier, un brave homme, mon client, se trouve lésé ; de l'autre, un jeune homme fort distingué, je me plais à le reconnaître, ne veut pas payer les dégâts commis par lui ; ne fallait-il pas plaider la cause d'un roturier aussi énergiquement que celle d'un noble ? Mettez-vous à ma place, monsieur ?

— Je venais pour une autre affaire, dit Jonquières.

— Ah ! vraiment, dit l'avocat feignant de croire qu'on lui proposait une cause à défendre ; je serai heureux, monsieur, de défendre vos intérêts, et j'y mettrai l'ardeur que vous m'avez vu déployer dans ma dernière plaidoirie.

— Nous ne nous entendons pas, monsieur, dit Jonquières.

— Le métier d'avocat, continua maître Quantin, est excessivement délicat.

— Oui, monsieur, et...

— On nous attaque de tous les côtés bien injustement; nous ne nous faisons pas des amis de nos clients, mais nous avons pour ennemis acharnés ceux que nous avons eu le malheur de faire condamner.

— M. le comte Julien de Vorges m'envoie vous demander une rétractation des paroles prononcées par vous en public, monsieur Quantin, dit Jonquières impatienté d'entendre l'avocat se servir de faux-fuyants.

— Rétracter ma plaidoirie, monsieur, s'écria maître Quantin; que me demandez-vous là? Puis-je changer les faits? En vérité, songez à l'impossibilité...

Et maître Quantin continua à ramasser les faits de la cause et essaya d'imposer un nouveau discours à Jonquières.

— Si, monsieur, vous vous obstiniez à soutenir les paroles que vous avez prononcées en plein tribunal, M. le comte de Vorges serait obligé, à son plus grand regret, de vous envoyer ses témoins.

— De quoi s'agit-il donc, monsieur, dit l'avocat Quantin devenant plus troublé à mesure que l'affaire prenait une tournure plus sérieuse.

— Il y avait dans votre plaidoirie, monsieur, une phrase ambiguë, qui a particulièrement mal sonné aux oreilles de mon ami ; vous donniez à entendre que M. Julien de Vorges troublait la paix des ménages.

— Comment, monsieur, vous vous arrêtez à une semblable phrase qui n'est qu'une formule oratoire!... Le chevreuil ne s'est-il pas introduit chez M. Jageot, de là chez M. Creton du Coche ; n'a-t-il pas dilapidé dans sa folle course le mobilier de ces familles?... Qui est-ce qui poursuivait le chevreuil? M. Julien de Vorges. Quelle en a été la conséquence? Des ménages ont été troublés... Et c'est là ce qui a le plus blessé M. le comte!

— N'aviez-vous pas d'autres intentions en appuyant sur cette phrase, dit Jonquières, car vous l'avez dite lentement, sur un ton particulier, et moi-même, qui suis étranger à ce débat, j'ai été froissé.

— Quelle intention? demanda maître Quantin.

Jonquières regarda l'avocat en face, car sa question venait de l'embarrasser. Il était à peu près certain que maître Quantin avait voulu faire allusion à la passion de Julien pour la femme de l'avoué; mais il était difficile et même dangereux de faire intervenir le nom de M. Creton du Coche dans ce débat. C'est à quoi avait songé Jonquières, qui, pour cette raison, supplia Julien de lui laisser conduire cette affaire, tant il craignait qu'un duel ne rendit l'histoire encore plus publique.

— J'ai voulu, monsieur, vous épargner une rencontre avec M. Julien, qui était fort mal disposé pour vous, dit Jonquières; je me contenterai de cette explication, à une condition : vous voudrez bien me donner par écrit l'explication de votre phrase, qui nous a paru ambiguë.

— Comme il vous plaira, monsieur, dit l'avocat, heureux d'échapper à un duel.

Il se mit aussitôt à son bureau et écrivit à Julien un mot par lequel il lui expliquait le sens de sa phrase.

— Maintenant, monsieur, dit Jonquières, prenez garde à votre conduite à l'avenir; je me fais fort que M. le comte de Vorges oubliera votre parole imprudente; mais songez à ne plus vous occuper de la conduite de mon ami Julien, car il ne serait sans doute pas d'humeur à supporter des bavardages de petite ville, dont peut dépendre l'honneur d'une personne.

Maître Quantin salua Jonquières jusqu'à terre, et ne respira librement que quand il vit celui-ci traverser sa cour.

Quoique Jonquières pensât qu'il était

impossible d'arrêter les paroles que l'avocat avait prononcées si perfidement à l'audience, il espéra que sa démarche empêcherait désormais maître Quantin de donner suite à ses insinuations dans la ville ; mais à peine cette affaire terminée, l'accident arrivé à la Carolina vint mettre de nouveau à contribution le dévoûment de Jonquières, qui veilla pendant quatre jours l'écuyère en danger de mort. Le premier mot de Carolina, en revenant à la vie, fut de crier : Julien ! C'était ce qu'attendait Jonquières avec une certaine terreur. Il était plus facile de triompher de l'avocat que de l'écuyère, qui, habituée à ne garder aucun ménagement, pouvait se mettre en tête de poursuivre Julien de son amour et le forcer de quitter la ville.

— Julien est parti, dit Jonquières.

— J'irai le retrouver à la campagne, dit l'écuyère.

— Mais il n'est pas à la campagne, dit Jonquières ; il voyage.

— Ah! s'écria Carolina, pourquoi l'ai-je rencontré !

Et elle fondit en larmes.

— Il va sans doute se marier, dit Jonquières, qui essayait de porter de grands coups afin qu'il ne restât plus d'espoir à l'écuyère.

— Il va se marier? dit-elle ; tant mieux... il oubliera l'autre... il l'abandonne... la pauvre femme doit être bien malheureuse.

— Quelle autre ? demanda Jonquières.

— Cette femme qui était à côté de lui au cirque ; je ne sais qui elle est, mais il l'aimait, j'en suis persuadée.

— Détrompez-vous, mademoiselle, dit Jonquières.

— Oh! les femmes ne se trompe pas, et elle aussi l'aime... J'aurais mieux fait de mourir. Mais votre ami se soucie bien de l'amour d'une Carolina, une écuyère ; il se dira : c'est une femme comme une autre, elle ne vaut pas la peine qu'on fasse attention à elle... Eh bien! monsieur Jonquières, je vous estime, vous; vous m'avez soignée comme un frère; promettez-moi de dire à Julien que je ne suis pas celle qu'il croit... Avant lui, je n'avais jamais aimé; je ne me doutais pas du bonheur qu'on peut éprouver et des tortures que je ressens encore, et qui sont plus dures que le coup que j'ai reçu à la tête... Quand vous le reverrez, vous lui direz que je n'ai jamais aimé que lui, et que, ne pouvant l'avoir, je n'en aimerai pas d'autre... Et aussitôt rétablie je ne durerai pas longtemps, dit-elle. Vous entendrez dire qu'il y a quelque part, je ne sais où j'irai, une célèbre écuyère, une femme intrépide qui fait des choses impossibles. C'est moi. Et puis un jour on annoncera qu'elle s'est tuée et son cheval... Oui, dit-elle en s'animant, car elle avait toujours la fièvre, je ne veux pas que ma pauvre Betty soit montée par personne après moi ; elle crèvera et moi aussi du même coup.

— Allons, mademoiselle, dit Jonquières, ne vous montez pas, le médecin vous a défendu de parler ; écoutez-moi, j'ai des nouvelles à vous donner de Betty, mais, si vous m'interrompez, je serai obligé de vous laisser... J'ai pris soin de votre jument ; elle est un peu triste et étonnée de se trouver à l'écurie sans sortir.

— Elle m'aime, ma Betty, dit tristement Carolina, ce n'est pas comme Julien.

— Oui, elle vous aime; eh bien ! il faut vous rétablir vite pour la revoir, pour lui faire plaisir... Et maintenant vous voilà abattue d'avoir parlé aussi vivement; je vous quitte, tâchez de vous reposer un peu, je viendrai savoir de vos nouvelles après le dîner.

En sortant de l'hôtel, Jonquières rencontra Julien, qui se promenait devant la porte.

— J'allais monter savoir des nouvelles de la Carolina, dit Julien.

— Si tu avais fait une pareille imprudence, je partais et je te laissais seul dans la ville... Tu n'es pas raisonnable, Julien.

— Comment va cette pauvre fille?

— Le coup qu'elle s'est donné à la tête pour toi n'a fait qu'augmenter sa passion ; aussi j'ai cru devoir dire que tu étais parti...

— Pourquoi? demanda le comte.

— Parce que demain, j'espère que tu seras loin d'ici.

— Partir demain, moi! s'écria Julien ; c'est impossible.

— Il le faut, dit Jonquières.

— Mais je m'attends tous les jours à revoir Louise. Madame Chappe me le fait espérer.

— Tu verras madame Chappe, tu lui diras que tu t'absentes pour quelques jours, et tu prendras d'autres dispositions.

— Mais tu ne sais donc pas que M. Creton du Coche quitte la ville pour une huitaine ? Il va en compagnie de M. Bonneau à un congrès archéologique. Je veux m'introduire auprès de sa femme pendant son absence ; il faut qu'elle m'écoute.

— Tu n'as pas encore assez compromis cette femme, dit Jonquières, et la divulgation de ton secret en plein tribunal ne t'a pas servi de leçon...

— Je tuerais celui qui oserait dire un mot sur le compte de Louise.

— Et le sauras-tu celui qui aura parlé ?... Toute la ville est complice; ce n'est pas une bouche qui parle, ce sont toutes les bouches; tu veux tuer tout le monde. Et quand tu rencontrerais le bavard et que tu le tuerais — d'abord on ne tue jamais un bavard — on voudra savoir le motif de cette grosse querelle... Depuis quelque temps tu ne vas plus chez M. Creton du Coche; tu t'introduirais chez lui pendant son absence... pour que tous les voisins le remarquent. Le lendemain, Louise serait affichée aux yeux de toute la ville. Il faut t'en aller quelques jours; la malignité finira par te lâcher, et, en agissant prudemment, tu reverras Louise sans qu'elle soit compromise. Tu ne penses pas à la Carolina non plus; sous peu, quand la fièvre aura cessé complétement, je la fais partir rejoindre les écuyers ; mais si elle apprenait que tu es ici, que tu n'es pas en voyage, que je l'ai trompée, jamais elle ne quitterait la ville. Elle voudrait te revoir ; elle a déjà des soupçons sur Louise, ses soupçons se confirmeraient ; avec le caractère que tu lui connais, elle est capable de tomber chez M. Creton du Coche et d'y faire une scène de jalousie... Il faut tout craindre de cette femme.

— Que faire? dit Julien.

— Partir.

— Où?

— N'importe où, dit Jonquières ; mais ne me disais-tu pas que M. Creton du Coche s'en allait à un congrès avec M. Bonneau.

— Oui.

— Tâche de le revoir, et pars avec lui; s'il restait quelques doutes dans le public, ils tomberaient devant ton départ avec l'avoué, car, entre nous, tu as eu tort de le délaisser depuis l'affaire du tribunal. On peut croire que les insinuations de l'avocat Quantin ont porté coup et qu'une brouille est survenue entre vous.

Julien se rendit à ces sages raisons; le soir même il partait en compagnie de M. Bonneau et de l'avoué ivre de joie d'entrer enfin dans une société savante, dont la fondation faisait grand bruit.

Un grammairien intrigant de Paris, M. Vote, avait conçu le projet de fonder une académie en l'honneur de Racine. Le but était de produire une réaction en faveur du poète du dix-septième siècle, qu'une école nouvelle tendait à amoindrir.

Le grammairien avait inventé une méthode pour lire Racine, qui consistait à noter pour ainsi dire musicalement chaque mot du poète.

Le livre n'avait eu aucun succès ; mais le grammairien, entiché de son idée, avait profité de la réprobation qu'inspirait à la vieillesse les attaques véhémentes de jeunes gens exaltés, pour décider un pair de

France à accepter la présidence de l'académie racinienne.

On avait réuni un groupe composé des débris de diverses académies boiteuses, de quelques athénées sans disciples, de congrès littéraires célèbres sous l'empire, et le noyau des admirateurs de Racine se trouva au grand complet.

En même temps le professeur de grammaire fit un appel à tous les savants, archéologues ou lettrés de la province qui avait donné naissance à Racine.

C'est ainsi que M. Bonneau fut appelé à faire partie de l'académie. Il n'eut aucune peine à y entraîner M. Creton du Coche qui se trouvait alors à la tête de plusieurs gros volumes d'observations météorologiques.

Grâce à la faveur publique dont jouissait l'archéologue, M. Creton du Coche eut l'honneur d'assister à une séance préparatoire de la société racinienne, qui faisait pour ainsi dire une sorte de répétition dans une des maisons les plus considérables de Château-Thierry.

Julien fut stupéfait de la société qui était réunie.

On ne voyait en entrant que crânes chauves, irréguliers et mal construits, qui reluisaient, frappés par la lueur des bougies allumées.

C'était un monde appartenant à une

autre génération, et un sentiment pénible jaillissait de ces vieux crânes dépouillés.

Aussi l'entrée de Julien fut-elle remarquée, et tous les regards envieux des vieillards se portèrent sur l'audacieux qui osait entrer dans le sanctuaire d'une académie, les cheveux sur la tête.

Il n'y eut qu'une personne qui fit un aimable accueil au comte, madame Prudence Breteau, née Pichery, une célébrité poétique de la province, maigre, sèche, avec une peau parcheminée collant aux joues, mais qui avait une si belle chevelure qu'on se prenait à douter de sa véracité.

En souriant au comte la muse montra de si pures dents blanches, longues et larges, que Julien se crut devant une figure de cire.

On rencontre beaucoup de ces personnes, et notamment chez les femmes, qui offrent des mélanges de vieillesse si nettement accusés que tout ce qui est jeune ne peut appartenir qu'à l'intrigue de l'art.

— Ça va bien, ça va bien, nous sommes au grand complet, dit un homme à grosses moustaches qu'on appelait *capitaine*, et qui n'était autre qu'un propriétaire du pays appelé Chamberlin, ancien maréchal-des-logis au huitième régiment de hussards.

— Messieurs, s'écria M. Vote, le fondateur de la société, en agitant sa sonnette, il faudrait s'entendre cependant sur les morceaux à lire. L'heure nous gagne; nous nous réunissons demain en assemblée générale.

Mais il régnait dans le salon une grande confusion; c'étaient de petits groupes au milieu desquels un homme, déroulant un gros cahier, commençait une lecture intime avant de la rendre publique; chacun se faisait force compliments, on se serrait les mains, on se distribuait des éloges bruyants et pompeux.

— Messieurs, je vous en prie, un peu de silence, s'écriait M. Vote, chacun aura son tour; M. Bonneau, M. Prudhommeaux jeune, M. Larson, un peu moins de bruit... Et il courait d'un membre à l'autre, leur prenant la main, tâchant de les apaiser et s'efforçant inutilement d'atteindre M. Bonneau, qui arpentait rapidement le salon, traînant son parapluie et le présentant à tous les membres.

— Madame Prudence, dit-il à la femme célèbre, je vous en prie, montez avec moi au bureau; peut-être ces messieurs s'inclineront-ils devant une dame.

Il entraîna ainsi la muse et la força de s'asseoir dans le fauteuil du président, tout en continuant à sonner la cloche.

— Messieurs, dit-il, un peu de silence, au moins taisez-vous par respect pour une dame.

Le calme ayant été obtenu à grand'peine, madame Breteau se leva et demanda que le spirituel président voulut bien ouvrir la séance par son remarquable travail sur les fureurs d'Oreste.

— Plus tard, dit M. Vote avec une feinte modestie.... N'est-ce pas à vous, belle académicienne, de commencer?

— Pardonnez-moi, mon cher président, je ne le souffrirai pas ; je pense du reste, que c'est l'avis de l'académie.

Le silence ayant été obtenu, M. Vote s'inclina :

— Je suis confus, messieurs, dit-il, de tant d'honneur. Plusieurs, parmi vous, pouvaient briguer l'honneur d'ouvrir la séance. Et d'abord madame Breteau, dont la poésie est si maternelle qu'elle a pour ainsi dire des entrailles ; et le fin et délicat Prudhommeaux jeune, qui a recueilli l'héritage de Voltaire, dans la confection si difficile de l'épigramme ; et M. Fauvel, qui emploie ses veilles à faire de si consciencieux travaux rétrospectifs sur l'art de l'artificier ; et M. Chamberlin qui a enrichi la science hippique de livres d'un intérêt profond sur l'exposé des cas rédhibitoires et surtout sur le farcin, le choléra du cheval ; et M. Creton du Coche, l'un des plus dignes soutiens de la société de météorologie, que la société de géographie appelait hier encore dans son sein, et qui sera à la place qu'il mérite quand la société de géologie lui aura ouvert ses portes; et l'illustre Bonneau, à qui, dès ce jour, on peut retrancher le monsieur, certain que la postérité ratifiera cette impolitesse.

— Bravo! bravo! s'écria l'assemblée pendant que M. Vote buvait un verre d'eau.

— Les fureurs d'Oreste!... s'écria M. Vote. Art de la diction... Où sont, messieurs, les Monvel, les Saint-Prix et les Duval-Cadet, ces tragédiens qui traduisaient noblement, avec art et simplicité, nos chefs-d'œuvre ; ou sont-ils ? La tragédie est morte, parce que les acteurs modernes l'ont tuée sous le coup de leur déclamation insensée. Nous avons vu dernièrement, dans cette ville, le dernier représentant de cet art, M. David, ex-sociétaire de la Comédie-Française. Il me fit l'honneur de venir dîner chez moi. Et il me comprit, le grand tragédien ! Il me dit ces paroles, que ma modestie m'empêche de répéter dans cette enceinte...

— Nous engageons M. le président, dit M. Bonneau, à ne rien nous céler.

— Puisque M. Bonneau m'y invite, dit le président, ma modestie se trouve à couver'. David me dit : Si vous veniez à Paris avec votre méthode, vous renverseriez non-seulement le Conservatoire, mais encore le théâtre moderne... Sans plus de commentaires, je commence : « *Grâce aux dieux, mon malheur passe mon espérance.* »

Oreste a été un moment anéanti par la nouvelle de la mort d'Hermione; il reprend peu à peu l'usage de ses sens, mais c'est pour faire éclater la douleur la plus profonde. *Grâce aux dieux*, voix sombre, lente; sentiment de douleur et d'ironie prononcé; *mon malheur*, comme plaintes étouffées par la souffrance; *passe mon espérance*, prolongement des syllabes *pa* et *ran* dans le ton du premier hémistiche. « *Oui, je te loue, ô ciel, de ta persévérance.* » Amplification des sentiments précédents ; *ô ciel*, plus appuyé; *persévérance*, bien articulé dans chacune des syllabes, en prolongeant sur *ran*, cependant sans affectation. « *Appliqué sans relâche au soin de me punir*, » ton d'énumération, avec reproche. « *Au comble des douleurs tu.*

m'as fait parvenir; » *au comble des douleurs*, désespoir intérieur; le second hémistiche gradué jusqu'à la syllabe *nir,* « *Ta haine, a pris plaisir à former ma misère;* » *Ta haine* appuyé; *a pris plaisir,* avec amertume et ironie; *à former ma misère,* dans un sentiment douloureux. « *J'étais né pour servir d'exemple à ta colère.* » *J'étais né,* ton de tristesse et de reproche; *pour servir d'exemple,* en renchérissant avec ampleur; *à ta colère,* appuyé et accentué. « *Pour être du malheur un modèle accompli,* » *Pour être du malheur,* accentuation profondément triste; *un modèle accompli,* augmentation de gravité et d'importance. Messieurs, je n'abuserai pas plus longtemps de la parole, et je laisse à de plus dignes que moi la faculté de me remplacer à cette tribune.

— Il faut publier ces études, dit M. Bonneau en applaudissant ; il faut que la société les fasse imprimer...

— Vous êtes trop bon, mon estimable confrère, dit M. Vote ; j'ai laissé par testament ce soin à mes héritiers.

— Pourquoi priver la France de vos travaux ? dit madame Prudence Breteau ; pourquoi priver notre académie de l'honneur qui doit rejaillir sur elle en la personne de son président ?

— Il y a dans ces études trop de novations, trop d'opinions à froisser, dit M. Vote. On m'attaquerait violemment... Mon âge, mes habitudes me défendent d'y songer.

Il s'éleva alors dans l'assemblée un de ces sourds murmures approbateurs qui suivent les bravos bruyants et qui sont encore plus chers que ceux-ci à l'orateur ; cependant dans l'embrâsure des fenêtres se tenaient les Zoïlos nécessaires au triomphe ; le capitaine avait pris M. Creton du Coche par un bouton de son habit.

— Eh ! monsieur, que pensez-vous de cela ?

— Ce morceau me paraît fort beau, répondit timidement l'avoué.

— Je ne comprends pas bien, dit l'homme aux grosses moustaches, tous ces grands mots, énumérations sans reproches, accentuations d'importance, et le reste... Vous entendrez toute à l'heure mon discours sur l'amélioration de la race chevaline.

— En effet, dit M. Creton du Coche, ce doit être très curieux.

— Silence, messieurs, dit M. Vote en agitant sa sonnette, la parole est à M. Prudhommeaux jeune.

M. Prudhommeaux, appelé jeune pour le distinguer de son père, avait soixante-cinq ans. C'était un de ces célibataires cités pour son esprit dans la province; il excellait surtout dans les petits vers, et on ne manquait pas, aux dîners d'apparat, de l'avoir, afin de lui faire remplir les bouts rimés.

— Epigramme ! s'écria Prudhommeaux jeune, en lançant un regard satirique à l'assemblée. Aussitôt un sourire général se posa sur les lèvres de chacun, et quelques vieillards firent claquer la langue comme s'ils allaient goûter un petit vin agréable. On entendait même certains rires étouffés, annonce certaine d'un plaisir goûté par avance, comme ces paysans qui, allant au spectacle pour la première fois, trouvent une immense jouissance à contempler la toile.

— Epigramme ! répéta Prudhommeaux jeune, et il récita :

Le long d'une garenne, un médecin chassait.
— Hé ! hé ! dit un plaisant, qui près de là passait,
Pourquoi prendre un fusil durant vos promenades,
En est-il donc besoin pour tuer vos malades?

A ces vers, dits du bout des lèvres, l'académie ne put contenir sa gaîté; le président agitait sa sonnette avec enthousiasme; les rires et les applaudissements se combinèrent, et Prudhommeaux jeune, avec un profond sérieux, recueillit un hommage public qui lui semblait dû.

— C'est bien fâcheux que le docteur Prévot ne soit pas ici, disait-on.

— Comme c'est lui !

— Est-il bien dépeint en quatre mots !

— Je ne conseille pas à Prudhommeaux jeune de se faire soigner par le docteur Prevot.

— Voilà le modèle de la fine plaisanterie, disait M. Vote.

— Oserais-je prier M. Prudhommeaux jeune, dit madame Breteau, de vouloir bien redire sa charmante épigramme.

Le poète remonta à la tribune sans se faire prier, et répéta son quatrain aux applaudissements unanimes. Le maréchal-des-logis Chamberlin lui succéda.

— Messieurs, dit-il, j'ai un grand travail...

— Permettez, monsieur Chamberlin, dit M. Vote, ce n'est pas encore votre tour.

— Et quand donc? demanda brusquement celui-ci.

— Mon cher confrère, dit le président,

madame Prudence Breteau n'a pas encore parlé, et vous comprenez que les dames avant tout.

— Bah! dit Chamberlin, de la *poasie* toujours de la *poasie*, j'en ai assez moi, et vous, monsieur Creton ?

L'avoué, qui débutait dans une société savante, salua son interlocuteur en souriant de façon à laisser croire qu'il partageait les récriminations de l'ancien sous-officier de hussards.

— Messieurs, s'écria M. Vote, madame Prudence Breteau, née Pichery, veut bien consentir à nous lire une de ses nouvelles et fraîches productions.

— Mes chers confrères, dit la muse, je

vous demande un peu d'indulgence pour des vers que vous avez bien voulu trouver passables quelquefois. La pièce est intitulée : *Nésilda, la pauvre mère.*

Et après s'être recueillie, et elle dit d'une voix pleine de sanglots :

> Dans son bercelet l'enfant dort.
> Elle a des yeux, bleus l'enfant blonde.
> Nésilda veille, et l'enfant dort :
> Beau lis sur qui l'orage gronde.
>
> Soudain il rouvre sa paupière ;
> Sa bouche a des sourires d'or.
> Elle s'ouvre en criant : « Ma mère!... »
> Pauvre mère!... L'enfant est mort!!!...

— Quelle! âme quel cœur! s'écria le président.

— Ce n'est pas gai comme votre petite *machine*, dit Chamberlin à Prudhommeaux jeune, qu'il trouva moyen de froisser par cette parole.

Quelques membres feignaient de verser des larmes, tandis que madame Breteau, étendue sur le fauteuil, paraissait brisée par la douleur poétique.

— Remarquez, messieurs, dit le président, l'heureux choix du nom de Nésilda, qui indique déjà un ton général de douleur. Ce vers surtout m'a frappé :

> Beau lis sur qui l'orage gronde...

D'autant plus que notre grande artiste, madame Breteau, y mettait un sentiment de bienveillance troublée, et qu'elle allait en renchérissant sur le mot *gronde*. M. de Lamartine serait jaloux de

> Sa bouche a des sourires d'or !...

Enfin, je fais des compliments personnels à notre chère académicienne sur l'onction et la foi qu'elle a mises dans ce petit chef-d'œuvre.

Le capitaine Chamberlin s'était précipité à la tribune.

— Messieurs, dit-il, l'heure se passe et j'ai un grand travail sur l'amélioration de la race chevaline.

— La commission, dit le président, en a-t-elle eu connaissance? Lui avez-vous soumis votre manuscrit ?

Chamberlin répondit que non.

— Il est impossible, dit le président, que nous écoutions votre rapport aujourd'hui.

— Comment! s'écria d'un ton menaçant le maréchal-des-logis.

— Le réglement! lisez le réglement! s'écrièrent deux académiciens.

M. Vote lut l'article 307, par lequel tout travail d'un membre, soit adjoint, soit correspondant, devait être étudié par une commission de quatre membres, renouvelée tous les mois, qui, dans une analyse rapide, déclarait si le travail présenté n'était pas contraire aux mœurs ou s'il était empreint d'une couleur politique.

— Sacrebleu! dit Chamberlin, j'attaque le ministère.

— Mais vous voulez donc faire fermer notre académie! dit M. Vote.

— N'est-ce pas indigne, s'écria Chamberlin, de voir la cavalerie faire sa remonte avec des mecklenbourgeois ?

— Qu'importe ? dit le président.

— Qu'importe ! reprit Chamberlin hors de lui... Déclamateur, vieil Oreste !

— Je vous en prie, dit madame Breteau en se penchant vers M. Vote, faites une infraction à nos réglements en faveur de M. Chamberlin, il est si violent !...

— Mes chers confrères, dit le président, en présence de la situation, je vous prie de voter par assis et levé si nous pouvons entendre la lecture du travail de M. Chamberlin. Que ceux qui sont d'un avis contraire se lèvent.

L'ex-maréchal-des-logis promena un regard si foudroyant sur chacun des membres qu'ils restèrent tous cloués sur leurs bancs.

— J'ai une simple observation à faire, monsieur le président, dit Prudhommeaux jeune qui se leva.

— Quoi? s'écria Chamberlin en allant à lui.

— Oh! monsieur Chamberlin, dit Prudhommeaux en retombant terrifié sur sa chaise, c'était dans votre intérêt.

—A la bonne heure, dit le maréchal-des-logis. Je commence. Messieurs, c'est quand les nations sont plongées dans la paix la plus profonde qu'il faut songer au fléau de la guerre. La France en particulier...

— Nous ne pouvons laisser l'orateur continuer sur ce ton, dit M. Vote; il sait bien que la politique, cette pomme de discorde, est exclue de notre sein.

— Eh! nom d'un chien, laissez-moi finir ma phrase, dit Chamberlin. Ainsi que j'avais l'honneur de vous le dire, nous jouissons d'une paix profonde, nos armées sont dans l'inaction; seulement en Afrique...

— Monsieur Chamberlin! monsieur Chamberlin! s'écria le président.

— C'est un peu fort, dit timidement Prudhommeauxjeune.

—Voulez-vous me laisser dire, oui ou non? dit Chamberlin... J'abandonne l'Afrique... Il y a deux mois, j'envoyai un mémoire à la société des haras ; mais ces messieurs n'ont jamais mis le pied dans une écurie, ils dorment dans leurs fauteuils et méconnaissent les idées supérieures...

— Monsieur Chamberlin, nous ne pouvons laisser engager la discussion sur ce terrain...

— Cependant, dit l'ex-maréchal-des-logis, la société des haras n'est pas de la politique...

—Pardonnez, monsieur Chamberlin ; si nous critiquons nos confrères, si nous attaquons la société des haras, à quelles terribles représailles ne serons-nous pas exposés?

L'ex-maréchal-des-logis poussa alors tous les jurements qu'il avait recueillis dans diverses casernes, et interpella l'assemblée d'une façon si provocante que madame Prudence Breteau tomba dans des attaques de nerfs. Heureusement, les bougies touchaient à leur fin, et le président, pour conjurer l'orage, leva la séance.

IV

Une visite à l'observatoire.

La solennité avait été annoncée par tous les journaux de Paris et de la province; ce fut une véritable fête pour la petite ville de La Ferté-Milon, qui, jusqu'alors, n'avait pas tenu à grand honneur d'avoir donné naissance à Racine. Il fallait un tel mouvement à Julien pour lui faire oublier les événements par lesquels il venait de passer.

La séance d'ouverture fut d'une grande curiosité : le vieux pair de France, homme sourd et goutteux, fit un long discours dont le but était de prouver aux académiciens, ses collègues, qu'il serait bon d'emprunter au grand siècle ses traditions, et que la meilleure manière d'honorer Racine était que les membres du bureau devaient porter dans les séances publiques de grandes perruques à la Louis XIV. Cette motion ne fut adoptée qu'après une longue discussion.

Le grammairien à qui revenait l'idée de

l'académie racinienne, récita *Britannicus* tout entier, en exposant les principes de sa méthode, qui consistait à faire suivre chaque mot d'une note dans laquelle l'admirateur de Racine était engagé à prononcer le mot soit avec force, soit avec onction, soit avec un accent guttural, soit du bout de la langue, soit en soupirant, soit en aspirant.

Un tableau allégorique montrait le châtiment qui attendait les adversaires du poète : c'étaient des jeunes gens à la grande barbe et en gilets blancs à la Robespierre, lançant des pierres contre la statue de Racine, et blessés eux-mêmes par les pierres, qui, loin d'attaquer la statue du poète, revenaient sur ses ennemis.

Un membre de la section de peinture fournit ce tableau, qu'on voit encore à la mairie de La Ferté-Milon ; la séance ne dura pas moins de dix heures, attendu qu'il fut permis à quelques savants de lire des travaux qui n'avaient pas de rapport avec l'hommage rendu à Racine, mais qui témoignaient du culte de la province pour les arts et les lettres.

Après avoir expliqué son parapluie, en avoir signalé les propriétés, M. Bonneau fut invité, par le pair de France qui présidait l'assemblée, à vouloir bien l'ouvrir en public, et un tonnerre d'applaudissements témoigna à l'archéologue la part que chacun prenait à son système d'étude des monuments.

M. Creton du Coche lut ensuite ses observations sur la température, et il fit part à l'assemblée des résultats que la société météorologique se proposait pour agrandir la durée de la vie.

Un orateur succéda et plaignit vivement Racine d'avoir vécu à une époque où cette science n'était point encore découverte, car quelques années de plus auraient pu favoriser le grand siècle d'une tragédie de plus.

La séance fut terminée par la lecture d'un mémoire de M. Chamberlin, sur une maladie commune aux chevaux, le farcin, sujet qui semble peu racinien; mais il avait été décidé que tout savant de la province ayant donné le jour à Racine aurait le droit de lire une production de n'importe quelle nature.

Il y eut le soir grand bal à la mairie, et le sous-préfet délivra à tous les membres de l'académie une médaille de Racine, que chacun tint à honneur d'accrocher à sa boutonnière. La fête dura deux jours; après quoi M. Creton du Coche, jaloux de recueillir d'autres hommages, pria Julien de vouloir bien l'accompagner à Paris, où il se rendait au siége de la société météorologique.

Julien brûlait d'envie de reprendre la diligence et de retourner à Molinchart, quand même il n'y eût pas rencontré Louise; mais il était tenu par sa parole, et n'osait reparaître devant son cousin qui lui avait donné de sages conseils; d'ailleurs, il comprenait qu'il était plus prudent d'attendre le départ de la Carolina.

Après avoir lutté, la raison l'emporta, et il accepta la proposition de l'avoué. Mais avant de partir, il écrivit à madame Chappe un mot par lequel il lui demandait une réponse à Paris.

« Je ne vis plus loin de Louise, lui disait-il ; au moins, dans la ville, je respire l'air qu'elle respire, et il me semble qu'il y a entre nous quelque rapport mystérieux, quoique je ne la voie pas. Allez-y, je vous en prie, parlez-lui de moi, toujours de moi. Quelle cruauté elle a montrée quand je suis parti avec son mari! elle a feint une indisposition pour ne pas me recevoir. Aussi j'ai passé une nuit terrible dans la diligence, pendant que mes deux compagnons ronflaient en rêvant à leurs discours. Quel calme donne la science et même cette apparence de science dont sont frottés ces deux êtres! Ils n'abandonneraient pas une heure de leur archéologie pour un peu d'amour, et moi, je donnerais tous les monuments du moyen-âge et de la renaissance pour que Louise voulût bien m'aimer un peu.

» Je pars pour Paris; mais je n'y serai pas deux jours, que je maudirai chaque minute qui s'écoule sans me rapprocher de Louise. Voyez-la tout de suite, n'est-ce pas, madame? écrivez-moi plus vite encore comment vous l'avez trouvée, son air, sa figure, la façon dont elle vous a reçue, l'effet que produira mon nom ! Ah ! si vous ne me l'aviez pas tant recommandé, comme je profiterais de l'absence de son mari pour lui écrire ! Une lettre est si peu compromettante... Je n'y tiens plus, je lui écris, et quoique je vous désobéisse, je vous obéis encore. Vous trouverez cette lettre dans la vôtre ; si vous jugez imprudent de la lui remettre, jetez-la à la petite poste ; si vous croyez sa venue par la petite poste également imprudente, déchirez-la. Mais songez que j'attends votre réponse poste pour poste ; d'ici là je ne vais plus comprendre M. Creton du Coche ; il est maître de ma personne, il peut me faire faire ce qu'il veut, aller où je ne veux pas ; mais il ne saura tirer de moi un seul mot raisonnable, car je n'ai qu'une pensée, et je l'ai laissée sur la montagne.

» Julien de Vorges. »

En arrivant à Paris, M. Creton du Coche décida, quoiqu'il fît encore presque nuit, qu'il serait bon d'aller immédiatement au siége de la société météorologique, où demeurait le célèbre Larochelle. Julien essaya inutilement de lui démontrer qu'il était peu convenable d'aller chez les gens à six heures du matin, M. Creton du Coche prit un fiacre, emmena le comte et se fit conduire rue de la Huchette.

La maison où le commis-voyageur avait donné son adresse était une de ces maisons borgnes de Paris, pour lesquelles le propriétaire n'a pas même fait les frais d'un portier. Une petite allée noire et mal éclairée se prolongeait jusqu'à ce qu'un obstacle avertît les visiteurs qu'ils se trouvaient en présence d'un escalier. Le rez-de-chaussée était occupé par un cordonnier strasbourgeois qui était parvenu à prononcer en français les mots relatifs à son état, à son entretien, à sa nourriture, mais qui, une fois sorti de ce petit dictionnaire, ne parlait qu'un baragouin capable de faire frissonner un Allemand lui-même.

En entendant M. Creton du Coche lui demander le siége de la société météorologique, le savetier le regarda avec inquiétude; jamais il ne put comprendre le renseignement que l'avoué désirait de lui, et il envoya M. Creton du Coche au premier étage, où demeurait une blanchisseuse de fin, qui, employant beaucoup d'ouvrières curieuses, devait nécessairement, suivant les idées du savetier, connaître la personne qu'il importait à M. Creton du Coche de trouver; mais la blanchisseuse n'était pas encore levée, et l'avoué dut attendre dans un café voisin une heure plus convenable pour se présenter.

— Êtes-vous bien certain de connaître l'adresse véritable? lui dit le comte. Cette maison me semble peu convenable pour recevoir une société savante.

— Au contraire, dit l'avoué; ces messieurs ne font pas de vains sacrifices au luxe, et je ne les en honore que davantage d'avoir fondé ici le siége de la société. N'est-ce pas ici d'ailleurs le quartier savant? Je brûle de les voir en séance et d'entendre cette série de rapports partis de tous les points de la France, et qui vont révolutionner la climatérique...

Là-dessus M. Creton du Coche se livra à ses considérations sans fin que Julien n'écoutait pas, son esprit étant préoccupé ailleurs.

— Si vous retourniez dans cette maison, lui dit le comte, pendant ce temps je ferais préparer le déjeûner.

— Vous avez raison, dit l'avoué, et si vous le permettez, j'invite à déjeûner avec nous M. Larochelle. Vous verrez quel homme instruit, et comme il raisonne bien ; je n'ai pas eu besoin de l'entendre un quart d'heure, qu'il m'avait développé clairement son système, et que je connaissais la science à fond. Et ne croyez pas qu'il ait la mine renfrognée des vieux savants; au contraire, M. Larochelle est jeune encore et nullement pédant.

— Amenez donc M. Larochelle, dit le comte.

Après une demi-heure de recherches dans la maison sans portier, l'avoué, arrivé au cinquième étage, poussa un cri de joie en lisant le nom de Larochelle écrit à la craie sur une méchante petite porte. Il frappa discrètement, et une voix de femme lui répondit :

— Entrez.

Quoiqu'un peu surpris de ce qu'une société savante fût logée si haut, M. Creton tourna la clé et se trouva en présence d'une ouvrière, dans une pauvre chambre mansardée, dont le principal ameublement était représenté par du linge pendu sur des ficelles.

— Pardon, mademoiselle, je me trompe, dit l'avoué en se retirant.

— Qui demandez-vous, monsieur?

— J'aurais désiré parler à M. Larochelle. Je venais ici croyant m'adresser au siége de la société météorologique.

— Monsieur, dit l'ouvrière, la société ne tient plus dans la maison.

— Ah! s'écria M. Creton sous le coup d'une violente émotion.

— Quant à M. Larochelle, si vous voulez lui laisser votre adresse, il ira vous trouver.

L'avoué laissa sa carte avec l'indication de l'hôtel où il était descendu, et revint trouver le comte, qui fut étonné de l'air soucieux de M. Creton du Coche.

Sans avoir de soupçons défavorables contre la société météorologique, l'avoué ne pouvait comprendre comment Larochelle lui avait donné une adresse rue de la Huchette, quand il n'y demeurait pas. Ayant raconté à Julien la singulière façon dont il avait été reçu :

— Il y a un moyen, dit le comte, de connaître la vérité. Garçon, apportez-moi l'*Almanach des 25,000 adresses.....* Vous y trouverez, dit Julien, toutes les sociétés savantes de Paris.

M. Creton du Coche saisit avec empressement l'almanach et le feuilleta près d'une heure dans tous les sens.

— Il n'y a pas de trace, dit-il en soupirant, de société météorologique.

— Eh bien! dit Julien, il faut aller à l'Observatoire; vous demanderez à parler à un des secrétaires, et s'il ne connaît pas votre société, personne ne la connaît à Paris.

— Oh! mon cher Julien, comme vous vous intéressez à la science! je le vois maintenant...

La journée se passa tristement pour Julien, qui trouvait une médiocre satisfaction à accompagner M. Creton dans ses courses; mais le lendemain matin il reçut deux lettres dont l'écriture le fit tressaillir. L'une était de Jonquières, l'autre de madame Chappe. Jonquières ne demandait plus à son ami qu'un peu de courage; dans deux jours, la Carolina partait; le départ de Julien avec l'avoué était assez connu dans la ville, pour que le bruit en fût venu jusqu'aux oreilles de l'écuyère.

Certaine que Julien n'était plus à Molinchart ni aux environs, elle s'était résignée à son sort et attendait même avec une certaine impatience que sa maladie lui permît de s'éloigner d'une ville qui lui rappelait des souvenirs douloureux.

Quoique le comte fût touché de la malheureuse passion de la Carolina, il lui sembla que cette lettre lui enlevait un grand poids ; l'écuyère partie, il pouvait reparaître sans danger à Molinchart; il reverrait Louise, et l'avenir se présentait sous des couleurs gaies. Madame Chappe écrivait à Julien :

« Monsieur le comte,

» Je réponds immédiatement à votre honorée lettre, et j'ai exécuté vos intentions. Notre Louise est toujours triste et dévorée par le mal inconnu que vous avez fait naître, et dont vous obtiendrez prochainement une cure miraculeuse. Elle me cache toujours ses secrets sentiments, et si je ne connaissais pas les jeunes femmes, je lui dirais : Confiez-vous à moi, dites-moi vos tourments, ils seront à moitié diminués quand je les partagerai ; mais notre jolie Louise n'est pas une femme comme les autres. Elle mourrait plutôt que de dire son secret. Je comprends, monsieur le comte, la passion qu'elle vous a inspirée.

» C'est un ange de patience et de résignation ; elle est jalouse de l'amour qu'elle vous inspire, et elle craindrait de l'éventer en le mettant au jour ; et il vaut mieux qu'elle se taise : si elle se confiait à moi, elle pourrait se confier à d'autres ; vous ne savez pas combien elle a d'ennemis acharnés, à commencer par la sœur de son tyran. Il faut montrer une extrême prudence, sans quoi tout est perdu.

» On parle beaucoup de vous dans la ville : on raconte vos amours avec cette étrangère que je ne connais pas ; on va même jusqu'à dire qu'elle a voulu se tuer pour vous. J'ai été contente de ces bruits que vous avez eu l'adresse de répandre, et je vous trouve d'une sagesse de Mentor dans cette circonstance. Il y aura après-demain une soirée magnifique à laquelle je suis engagée ; j'ai l'espérance d'y rencontrer notre Louise, car je l'ai fort engagée à y aller. Mais je suis bien embarrassée, on ne trouve rien dans ce maudit pays ; il me fallait absolument un châle cachemire carré, et les magasins de la ville n'ont que de petits méchants châles qui ne me conviennent pas.

» Seriez-vous assez bon, monsieur le comte, vous qui avez tant de goût, pour passer à *Malvina*, le grand magasin de nouveautés de la rue Saint-Denis, près du boulevart, et d'y choisir un châle tel qu'il vous plaira ; je laisse le choix du dessin à votre tact si fin. Cependant, je préférerais de grandes palmes de couleur sur un fond jaune. En le mettant à la diligence ce soir, je le recevrai demain, et je pourrai faire figure à cette soirée où je verrai notre belle Louise, bien certainement, autour de laquelle tous les galants du pays vont papillonner; mais ils auront beau faire et beau dire, elle a fixé dans le cœur, avec une épingle qui la fait un peu souffrir, un jeune papillon qui s'appelle comme vous, monsieur le comte, et qui n'y laissera pénétrer personne.

» Dites que je suis bavarde, je vous entends; mais quand je vois des jeunes gens s'aimer de toutes leurs forces, et dont l'affection est traversée par des êtres ridicules et méchants, je ne peux m'empêcher de m'intéresser à eux et d'essayer de lutter en leur faveur. Les dames de la ville vont être jalouses de mon châle; mais les hommes seraient bien autrement jaloux s'ils savaient quelle belle conquête vous avez faite. Est-ce que vous ne vous ennuyez pas de traîner après vous dans Paris ce boulet de mari? Notre pauvre Louise l'a traîné encore plus longtemps que vous; mais maintenant vous allez être deux compagnons de chaîne, et le boulet sera moins lourd. Adieu, homme sage, jeune et prudent... Revenez bien vite, je vous attends avec impatience, et je suis sûre qu'*on* ne vous attend pas moins impatiemment.

» Votre toute dévouée servante,

» Femme Chappe. »

M. Creton du Coche ne trouva plus le Julien de la veille : les deux lettres avaient changé la physionomie du comte, qui, au déjeûner, se montra d'une humeur plus aimable.

— J'ai quelques courses, dit-il à l'avoué; permettez-moi de vous laisser à vos affaires. Faites-les promptement, afin que nous puissions quitter Paris le plus tôt possible.

M. Creton du Coche, poursuivant sa grande affaire, se rendit à l'Observatoire, où il fut reçu par un secrétaire du bureau des longitudes.

— Pardon, monsieur, dit l'avoué, si je vous dérange, mais vous devez connaître M. Larochelle?

Comme le secrétaire ne répondait pas :

— Le célèbre Larochelle, reprit l'avoué ; il est de votre partie.

— Serait-ce, monsieur, un employé de l'Observatoire?

— Précisément, dit M. Creton du Coche ; il est peut-être bien maintenant de l'Observatoire. Je venais lui apporter mes observations météorologiques, dit l'avoué en présentant un énorme dossier.

— Ah! monsieur s'occupe d'observations astronomiques?

— Météorologiques, monsieur... Je les

ai faites à Molinchart depuis près d'un an... Vous n'êtes peut-être jamais venu à Molinchart ?

— Non, monsieur, je ne connais pas Molinchart.

— Vous avez tort, monsieur. Molinchart est la ville la mieux située de la France pour les études en météorologie... une jolie ville d'ailleurs... on y jouit d'une vue admirable... sa situation est très élevée ; M. Bonneau se décide à en donner la hauteur précise au moyen de son parapluie.

— De son parapluie ! s'écria le secrétaire de l'Observatoire.

— Vous ne connaissez pas M. Bonneau l'archéologue ?

—Voilà la première fois, monsieur, que j'entends prononcer son nom.

M. Creton du Coche fit un imperceptible mouvement d'épaules qui signifiait : « Ces gens de Paris ne connaissent rien, ils ignorent jusqu'aux noms de Bonneau et de Larochelle. » Alors l'avoué entreprit de donner une idée du parapluie au secrétaire de l'Observatoire, qui, à partir de ce moment, jugea qu'il avait affaire à un de ces nombreux excentriques qu'on rencontre sur tous les chemins de la science; cependant il fit demander, par simple politesse, si on connaissait M. Larochelle dans les bureaux. Le garçon de service revint apporter la nouvelle que le nom de M. Larochelle était tout à fait inconnu à l'Observatoire.

— Ah! dit l'avoué, j'ai eu tort, monsieur, je l'avoue, de venir ici... Je me rappelle maintenant que M. Larochelle m'avait prévenu qu'il y avait une sorte de dissidence, de lutte entre la société météorologique et l'Observatoire... C'était une société rivale; et si vous me permettez de dire la vérité, j'ai été frappé, en arrivant, de la situation de l'Observatoire; vous êtes trop bas : c'est à Molinchart qu'il faudrait transporter l'Observatoire.

Ainsi que beaucoup d'habitants de petites provinces, l'avoué rapportait tout à sa ville; il n'y avait qu'un Molinchart au monde; même en admettant que Paris jouît de quelques avantages, Molinchart avait des qualités particulières qu'il était impossible de trouver ailleurs. Le secrétaire écouta d'abord avec assez de patience la description de Molinchart et de ses environs ; mais quand l'avoué en fut arrivé à l'explication de la société météorologique, il tomba de son haut en apprenant qu'il avait été pris dans les filets d'une sorte d'aventurier.

— En dehors des corps académiques reconnus par l'État, lui dit le secrétaire, il existe nombre de petites sociétés savantes qui se réunissent le plus souvent par gloriole, mais dont les travaux n'ont aucun poids auprès des savants.

M. Creton du Coche avait la honte peinte sur les traits, et il murmurait : « Ah ! le scélérat que ce Larochelle ! » quand un jeune homme entra, tenant à la main un papier qu'il apportait à signer au secrétaire. Il ne put s'empêcher de sourire en entendant les exclamations de dépit et de colère qui agitaient l'avoué.

— Bernard, je vous laisse avec monsieur, dit le secrétaire qui s'était levé plusieurs fois pour congédier M. Creton du Coche, et qui ne savait comment s'en débarrasser.

Bernard resta sans que l'avoué s'aperçût que son premier interlocuteur était parti. Sans faire le moindre mouvement, l'employé étudia à loisir les sourdes imprécations de M. Creton du Coche, qui, en une heure, était tombé du fauteuil académique de la société racinienne, et qui craignait surtout d'être livré aux risées des Molinchartois quand ils apprendraient ses malheurs scientifiques.

Bernard était un tout jeune vaudevilliste qui vivait d'un médiocre emploi à l'Observatoire. Il avait obtenu cette place plutôt comme une sinécure que pour le travail qu'on attendait de lui ; à cette époque, il faisait plus de vaudevilles pour le théâtre du Luxembourg que d'expéditions. D'ailleurs, il était très spirituel, divertissait les bureaux de ses saillies, jouissait d'une faveur marquée à l'Odéon, aux théâtres du Panthéon, de Bobino, et régalait ses confrères les employés de billets de spectacle.

— Que vous a donc fait ce Larochelle, monsieur? demanda-t-il à M. Creton du Coche.

En entendant une voix étrangère, l'avoué leva la tête, parut surpris ; mais Bernard lui expliqua que son chef de bureau avait été mandé à l'instant et qu'il avait été forcé de le remplacer. M. Creton du Coche raconta une fois de plus ses malheurs, comme il arrive aux personnes accablées de douleur, qui s'en déchargent à tout venant. Bernard consola l'avoué autant qu'il le put : il connaissait Molinchart, il connaissait M. Bonneau, il connaissait Larochelle. L'avoué faillit sauter à son cou ; enfin il trouvait un homme qui reconnaissait avec lui que Molinchart était une des plus remarquables villes du royaume.

— Eh bien, monsieur Bernard, dit l'avoué, je vous en prie, donnez-moi des nouvelles de Larochelle.

— Il est mort, dit Bernard.

— Mort ! s'écria M. Creton du Coche.

— Hélas! oui; le pauvre garçon, il n'est que trop vrai, était monté sur une falaise dans les environs du Havre, lorsqu'une trombe subite l'a enlevé, lui et un monsieur qu'il initiait à la science.

— C'est une belle mort, dit l'avoué; et moi qui insultais ses mânes, il n'y a pas cinq minutes; mais votre chef de bureau me faisait entendre que j'étais victime d'un intrigant...

Bernard se pencha à l'oreille de l'avoué.

— Ici, dit-il, on est jaloux de tout innovateur... N'en parlez pas, vous me feriez destituer.

— Ne craignez rien, dit M. Creton du Coche. Cependant je ne comprends pas que, rue de la Huchette, on m'a fait déposer ma carte pour la lui remettre... Une blanchisseuse m'a parlé...

— C'était son amante, monsieur Creton... On lui a caché la mort du malheureux Larochelle.

— Je vous remercie, monsieur; vous m'expliquez bien des choses.

— En effet, Bernard n'était jamais embarrassé d'expliquer ce qu'il ne savait pas. Molinchart, M. Bonneau et Larochelle lui étaient tout à fait inconnus; mais il avait pour habitude de susciter d'innocentes farces dont il se récréait à lui seul. Une mauvaise journée pour Bernard était celle qui se passait sans l'avoir mis à même de rire aux dépens d'autrui.

— Je vais faire un rapport et une notice nécrologique pour la société racinienne.

— Je vous donnerai des notes, monsieur Creton, dit Bernard.

Comme l'avoué prenait son chapeau :

— Vous seriez peut-être curieux, lui dit le vaudevilliste, de visiter l'Observatoire ?

— Je n'osais vous le demander, dit l'avoué ; vous comprenez, une académie rivale pourrait s'en formaliser... Je respecte les convenances... Cependant, je serais curieux de voir leurs instruments là-haut.

— Eh bien, monsieur Creton, suivez-moi.

Bernard descendit un étage, accompagné de l'avoué qui manifesta son étonnement de ne pas monter sur la coupole qu'il avait aperçue du jardin du Luxembourg.

— Vous êtes un honnête homme, lui dit le vaudevilliste, un savant consciencieux comme il ne s'en trouve malheureusement pas à Paris... Vous croyez tout bonnement que ces messieurs de l'Observatoire montent là-haut pour observer les astres... Peuh ! ils sont tous vieux et les jambes cassées... Jamais ils ne mettent le pied dans la salle d'observations... C'est le concierge de l'hôtel qui passe les nuits; il a six cents francs, le logement, et il fait tout.

M. Creton du Coche était indigné et déblatérait contre l'Académie.

— Ce pauvre Larochelle avait raison de s'insurger contre l'Observatoire, s'écriait-il... Mais il me semble que nous descendons à la cave, monsieur Bernard?

— Précisément. Je ne vous dirai pas que ces messieurs observent les astres à la cave, quoiqu'ils en soient capables; mais les nuits qu'ils devraient être occupés à veiller, ils les passent dans leur lit... C'est le concierge qui supporte toute la fatigue... Il y a bien des inspecteurs du gouvernement; mais le concierge a une lunette excellente qui permet de voir jusqu'au commencement de la rue d'Enfer. Sitôt qu'il aperçoit la voiture d'un inspecteur, il tire une sonnette qui communique à la chambre à coucher de ces messieurs, qui se lèvent aussitôt. L'inspecteur arrive, leur trouve les yeux battus, et leur fait encore des compliments de se fatiguer pour la science... Et je ne parle pas des gratifications, qui passent devant le nez du véritable travailleur, le concierge.

— C'est affreux ! s'écria l'avoué.

— Toutes les administrations sont menées de la sorte, continua Bernard ; les affaires sont conduites ainsi par les concierges, les garçons de bureaux. C'est ce qui explique comment l'administration marche si mal en France. Ensuite, étonnez-vous que l'Observatoire annonce pour telle date des comètes qui n'arrivent pas, et qu'il n'annonce pas celles qui arrivent. Notre concierge n'a l'œil que sur la rue d'Enfer, dans la crainte de voir arriver des inspecteurs à l'improviste, et pendant ce temps il se passe dans les nuages des symptômes très significatifs dont il ne peut tenir compte.

— Mon Dieu! mon Dieu! s'écria M. Creton du Coche, je tombe de mon haut.

— Touchez cela, dit Bernard en prenant la main de l'avoué, qui frôla un objet froid et qui lui parut être un tuyau de pompe; c'est un des mille instruments de précision que la science moderne enfante, et que l'Observatoire cache immédiatement dans la cave, afin de ne pas se donner la peine de l'étudier et d'en faire l'objet d'un mémoire.

— C'est un assassinat! dit l'avoué.

— Ils ne peuvent pas enterrer l'inventeur, ils enterrent l'invention, dit Bernard... Prenez garde à ce puits, monsieur Creton, bien qu'il soit sec; je suis persuadé qu'il y a au fond plus de quatre cents instruments nouveaux qui auraient fait la gloire du siècle... Maintenant, prenons garde qu'on ne nous voie remonter de la cave; on me soupçonnerait de vous avoir montré les objets.

— Mon voyage ne sera pas perdu, dit M. Creton du Coche; mais je retournerai à Molinchart la mort dans l'âme... Il n'y a donc d'honnêteté qu'en province?

— Et de science également, monsieur Creton.

— Que vais-je faire maintenant sans ce pauvre M. Larochelle?

— Continuez vos travaux, faites-en part à la Société racinienne; le bruit ne peut manquer d'en venir aux oreilles de nos savants; et un jour, monsieur Creton, la renommée saura bien triompher de l'inertie des corps académiques.

— Vous êtes honnête, monsieur Bernard, dit l'avoué en lui serrant les mains ; mais le portier qui observe les astres, cette cave où on enterre les instruments... J'avoue que je m'en retourne bien désillusionné.

V

La maison des dames Jérusalem.

Un matin, Louise, qui était à sa toilette, fut avertie que la servante de madame Chappe désirait lui parler.

— Madame Chappe, dit cette fille, vous présente ses hommages, madame, et vous fait prier de passer chez elle pour rendre visite à mademoiselle Élisa de Vorges, qui est un peu indisposée.

— Je seraï à la pension entrè midi et une heure, dit la femme de l'avoué. Si je n'attendais pas mon mari pour déjeûner, je partirais immédiatement; mais il va sans doute rentrer, ou plutôt, continua Louise, veuillez rester ici quelques minutes, et s'il revient, je vous accompagne aussitôt.

D'après le rapport de la bonne, Élisa n'était pas gravement malade; mais depuis quelque temps elle était triste, elle ne mangeait presque pas, ne jouait plus avec ses compagnes, et avant de prévenir la comtesse de Vorges, qui pouvait s'affecter trop vivement de cette nouvelle, madame

Chappe avait jugé plus prudent d'en avertir une amie ; elle espérait que la vue de Louise pourrait améliorer l'état de la jeune fille.

Si madame Creton ne pouvait venir dans la matinée, la maîtresse de pension se croyait obligée d'en écrire dans l'après-midi à la comtesse, et elle craignait qu'une maladie sérieuse ne fût annoncée par cette mélancolie sans motifs.

— S'il le faut, dit Louise, je partirai aussitôt ; il est étonnant que mon mari ne rentre pas.

Cependant, comme il arrivait quelquefois à l'avoué de s'attarder dans la ville, Louise prit le parti de suivre la servante ; elles longèrent les remparts, et en passant près de la cathédrale, Louise ne remarqua pas que mademoiselle Ursule Creton en sortait et les suivait des yeux.

La vieille fille commençait à marcher difficilement, mais la curiosité lui rendit l'usage de ses jambes et elle suivit de loin le chemin que prenait sa belle-sœur.

Louise et la bonne avaient une forte avance sur mademoiselle Creton, qui n'en remarqua pas moins que les deux femmes entraient chez mademoiselle Chappe.

En face de l'institution est la maison des dames Jérusalem, deux sœurs qui se sont retirées dans une partie écartée de la ville, après avoir amassé quelques rentes dans le commerce de la mercerie.

Les dames Jérusalem forment à Molin-chart le tribunal de l'opinion : quand une nouvelle se répand dans la ville et que quelqu'un fait un signe de doute, si on lui dit : « — Je le tiens de ces dames Jérusalem, » il est d'usage alors de s'incliner et de regarder la nouvelle aussi pure que de la bijouterie contrôlée à la Monnaie.

Mademoiselle Ursule Creton entretenait commerce d'amitié avec les dames Jérusalem, chez lesquelles il était du bon ton d'avoir entrée et de recueillir une fois par semaine la chronique scandaleuse de la ville.

Louise entra dans le pensionnat et fut conduite par la bonne dans un petit salon, avec la prière d'attendre cinq minutes qu'on pût prévenir Élisa et la maîtresse de pension. Ce salon tenait plutôt de la physionomie du boudoir, grâce à un demi-jour qui pénétrait difficilement d'épais rideaux de damas de laine.

Louise ayant entendu des pas qui se dirigeaient du côté de la porte opposée à celle par laquelle elle était entrée, se leva pour recevoir plus vite dans ses bras la jeune fille qu'elle venait visiter. Mais elle resta anéantie en voyant Julien devant elle.

— Vous ici, monsieur, dit la jeune femme stupéfaite; on me trompe donc?

— Non, Louise, dit Julien, on ne veut pas vous tromper.

— Monsieur, laissez-moi, je veux sortir, dit Louise.

Mais le comte tenait Louise contre lui et l'empêchait d'aller à la porte.

— C'est bien mal, monsieur, dit-elle

en faisant un brusque effort et en se rejetant à un coin de l'appartement vers la porte qu'elle essaya d'ouvrir.

La porte était fermée en dehors.

— Quelle infamie! s'écria-t-elle; et vous avez cru triompher de moi par des moyens semblables?

— Écoutez, Louise, dit Julien d'un ton sérieux, sans doute nous nous revoyons aujourd'hui pour la dernière fois; mais laissez-moi vous expliquer ma conduite depuis votre retour de la campagne. Vous me connaissez assez pour savoir que je n'emploierai jamais la violence vis-à-vis d'une femme; je me croirais dégradé, et je vous donnerais le droit de me regarder comme l'homme le plus vil qui soit sur la terre. Il m'a donc fallu agir de ruse; vous ne vouliez pas me recevoir chez vous, vous ne m'écoutiez plus, j'ai tenté de vous donner une lettre, vous l'avez déchirée... Que faire? Il y a des moments où j'ai été tenté de dire à votre mari : Vous n'aimez pas votre femme, vous ne la comprenez pas, elle ne vous intéresse en rien... Eh bien! je l'aime, je crois pouvoir la rendre heureuse, laissez-moi l'emmener loin d'ici... que vous importe! C'était de la folie, n'est-ce pas, Louise? mais vingt fois pendant notre voyage à Paris, cette idée me revenait en tête... que serait-il arrivé? Nous serions partis à l'étranger, vous auriez porté mon nom, on peut vivre si heureux dans quelque coin quand on s'aime... Il n'y a plus besoin de société... J'étais fou; j'ai dit mes chagrins à madame Chappe, j'ai pleuré, je l'ai suppliée de venir à mon secours ; ne lui en veuillez pas, Louise, d'avoir été trop bonne, d'avoir consenti à m'être utile... Si vous saviez combien j'ai dû la fatiguer de mon amour ; tous les jours j'étais chez elle et je l'envoyais chez vous, afin d'avoir de vos nouvelles... J'ai su que vous aviez été maladive... j'aurais voulu vous voir malade, parce qu'alors vous auriez perdu toute volonté, la souffrance eût brisé vos forces, et je me serais installé près de votre lit, ne vous quittant ni nuit ni jour ; de la part d'un ami votre mari l'eût permis, et j'aurais montré tant de dévoûment, tant de soins, j'espérais faire passer mon amour dans chaque parole, dans chaque geste, dans chaque regard... Vous auriez été bien ingrate de ne pas me le rendre un peu... Vous ne me répondez pas, vous ne croyez pas à ce que je vous dis, et cependant il me semble que ma parole est vraie, que vous devez l'entendre.

— Après ce qui s'est passé ? dit Louise; après votre passion scandaleuse pour cette écuyère?...

— Ah! je suis heureux, dit Julien, de vous entendre parler avec quelque amertume de cette femme... Je le pensais bien que votre froideur venait de là... Mais comment avez-vous pu croire, Louise, que j'aimais une autre femme deux jours après vous avoir quittée... Est-ce possible? N'est-ce pas pour vous que je suis revenu la nuit et que votre mari m'a surpris devant votre fenêtre, me contentant de vous

savoir reposer en paix non loin de moi?...
N'est-ce pas pour éteindre d'avance les
soupçons qui pouvaient s'allumer chez
votre mari que j'ai feint cette violente passion pour l'écuyère ? N'est-ce pas désespérée de me voir un soir auprès de vous
qu'elle est entrée dans cette furie qu'elle
fit partager à son cheval et qui faillit amener sa mort? Oh! Louise, vous devez bien
m'aimer un peu pour me faire oublier les
tourments que j'ai supportés depuis qu'il
ne m'était plus permis de vous voir.

— Et moi, dit Louise, croyez-vous que
je restais calme ?...

Julien prit la main de Louise et la pressa
longuement dans la sienne.

— Je ne devrais pas vous pardonner,

dit-elle, de m'avoir fait tomber dans un piége.

— Si vous aviez voulu me recevoir chez vous, m'écouter...

— Et madame Chappe qui connaît ce secret. Quelle imprudence!

— Elle est si dévouée.

— C'est une grande faute, dit Louise. Et cette fille?...

— La servante ne m'a pas vu entrer; tout était arrangé d'avance.

— Mais votre sœur n'est donc pas malade?

— Elisa est assez souffrante pour que madame Chappe ait aggravé sa maladie devant la domestique.

— Je veux voir Élisa.

— Pas encore, Louise, dit Julien; une

demi-heure ne peut pas remplacer un mois. Il y a un mois que je ne vous ai vue; laissez-moi vous regarder sans rien dire ; vous etes une nouvelle femme depuis notre séparation. Il me semble que je ne vous ai jamais vue, et je ne saurais trop vous regarder... Ah! que j'ai souffert, et qu'un peu d'amour me fait oublier ces désastres ! Ce soir, j'irai chez vous, demain, après-demain, toute la semaine. Je deviens gourmand de vous voir.

— Qui sait ce qui nous est réservé, dit-elle tristement.

— Je vous en prie, Louise, que ce vilain mot d'avenir ne sorte plus de votre bouche ; qu'importe demain si nous sommes heureux aujourd'hui.

— Et puis-je vous recevoir à la maison

aussi souvent qu'il vous plaira d'y venir? Certainement mon mari n'y trouverait rien à redire, mais les gens de la ville sont si méchants, tout se sait... je crains...

— Eh bien! dit Julien, maintenant que votre grande colère est passée, et que je vous ai avoué que madame Chappe était ma confidente, ne pourriez-vous venir ici de temps en temps, une fois par semaine, sous le prétexte de voir ma sœur? Rien de plus naturel : l'endroit est écarté, personne ne passe dans ce quartier, jamais on ne vous verra; j'arriverai au moins une heure avant vous.

— Ouvrez la porte, dit Louise, je vous répondrai quand je serai libre.

Le comte tira une clé de sa poche et ouvrit la porte.

— Et vous partez ainsi, dit Julien, sans un mot?

— Voyez, dit Louise, combien vous êtes exigeant ; je vous ai déjà pardonné, et vous ne trouvez pas la récompense suffisante.

Julien étreignit Louise dans ses bras.

— Je ne reviendrai plus, dit-elle.

— Méchante, dit le comte, puis-je à peine vous serrer la main chez vous ?

En sortant, Louise tressaillit, car madame Chappe n'était qu'à quelques pas de la porte, et sa présence donnait à supposer qu'elle venait d'écouter l'entretien.

— Ah! ma chère dame, dit la maîtresse de pension, que je suis heureuse de vous voir! Quel beau jeune homme ! lui dit-elle plus bas en la prenant familièrement par le bras. Vous pouvez être certaine d'être aimée comme bien peu.

Louise rougissait et se sentait confuse.

— Il est aussi bon que beau, continua madame Chappe, et la première fois que je l'ai vu, il m'a semblé qu'il était fait pour vous tout exprès!...

— Madame... dit Louise, que cet entretien blessait.

— Ce n'est pas, dit madame Chappe, comme votre mari, ce gros vilain loup, qui mérite bien ce qui lui arrive.

— Je vous en prie... madame Chappe.

— Moi, dit la maîtresse de pension, je suis contre les maris, c'est plus fort que moi ; est-ce qu'il est de votre âge? je vous le demande. Est-ce qu'il songe à vous être agréable? tandis que ce cher Julien vous aimera à passer toute la journée à vos genoux.

— Madame, de grâce, dit Louise, voici Élisa, prenez garde qu'elle ne vous entende.

En voyant la jeune fille, Louise l'embrassa à plusieurs reprises et lui montra une affection dont la comtesse de Vorges eût pu être jalouse.

— Avez-vous vu mon frère? dit Élisa sans s'apercevoir du trouble que cette question jetait dans l'esprit de la femme de l'avoué, qui ne répondit pas et cacha son émotion en embrassant l'enfant de nouveau. Madame Chappe s'était éloignée, et Louise put se retremper dans la conversation d'Élisa. Cet entretien lui fit beaucoup de bien, car il lui servit à oublier l'impression fâcheuse des paroles de la maîtresse de pension. Louise, sans s'en rendre compte, avait toujours ressenti une certaine répugnance pour madame Chappe, et le court entretien qu'elle venait d'avoir avec elle n'était pas de nature à faire paraître l'institutrice sous un meilleur jour.

Au fond de sa conscience, la femme de l'avoué ne se reprochait rien ; elle était venue à la pension sans se douter du complot qui existait entre Julien et madame Chappe ; elle avait pu pardonner au comte lorsqu'elle eut entendu sa justification ; mais les exhortations de la maîtresse de pension, les éloges qu'elle faisait de Julien, entraînaient dans une sorte de complicité cette âme délicate. Aussi se promit-elle d'abord de ne plus revenir dans cette maison dangereuse, et Julien eut longtemps à triompher de la répugnance de Louise, qui sentait le lien qui l'unissait au comte en lui accordant un rendez-vous hors de chez elle.

Beaucoup de femmes ne se trouvent pas fautives de recevoir dans leur salon des adorateurs qui ne cessent pas leurs déclarations ; leur politique leur fait trouver des milliers de raisons : elles ne peuvent pas empêcher les hommes de leur faire la cour ; il faudrait chasser tout le monde, ne recevoir que des vieillards, s'enfermer dans un couvent. Mais ces coquettes qui se laissent aller aux enivrements de paroles complimenteuses, ne donnent un rendez-vous qu'avec la volonté d'être vaincues. Dans leur esprit le raisonnement a prévu la défaite. Louise n'avait aucun point de ressemblance avec ces femmes ; les faits l'atteignaient sans qu'elle les eût raisonnés ; elle aimait Julien parce qu'elle ne pouvait s'en empêcher, et cependant elle se trouvait malheureuse de ne pouvoir vaincre cet amour, qu'elle regardait comme condamnable.

Bien souvent il lui arrivait de prendre sa vie depuis le jour où elle avait juré fidélité à l'avoué, et d'en égrener les incidents un à un comme un chapelet. Elle étudiait M. Creton du Coche à la manière d'un peintre qui fait un portrait, et ne trouvait pas dans ses actions, depuis son entrée en ménage, ces *crimes* nombreux dont ne manque pas de charger la tête d'un mari la femme qui veut le tromper. Une fois le mari convaincu de culpabilité, la femme marche la tête haute, la conscience en repos ; mais Louise n'avait pas de ces complaisances de conscience qui se prêtent souvent sur le moment aux transactions les plus étranges, et qui paraît s'endormir sur les plus grandes fautes, sauf à revenir plus tard sous la forme du remords vengeur, ce fantôme des nuits sans sommeil. Louise se trouvait coupable parce qu'elle ne voyait pas son mari coupable : l'égoïsme de M. Creton du Coche, la parfaite indifférence qu'il témoignait à sa femme ne semblaient pas des motifs absolus de condamnation.

Cependant Julien revenait tous les jours chez l'avoué, et il pressait Louise de lui accorder un nouveau rendez-vous.

— Vous ne verrez plus madame Chappe, ma chère Louise, lui disait-il ; je lui ai fait comprendre combien la présence d'un tiers vous gênait, et vous pouvez venir sans crainte. La bonne elle-même n'en saura rien ; comme la porte de la rue est toujours ouverte, vous passez et vous entrez immédiatement dans ce petit salon, dont j'ai fait faire une clé pour vous.

Louise se défendait d'aller à ce rendez-vous ; mais il arriva dans la conduite de M. Creton du Coche un changement qui fit triompher Julien des refus de celle qu'il aimait.

M. Creton du Coche n'avait jamais eu aucun souci, aucune maladie ; il jouissait d'une de ces robustes santés bourgeoises qui sont le privilége de ceux qui pensent peu; mais tout à coup son caractère s'assombrit, il perdit son humeur égale; au lieu de sortir comme par le passé et de s'intéresser aux travaux d'embellissement de la ville, il resta dans son cabinet et inquiéta son maître clerc Faglain, qui était obligé d'avoir l'air de travailler. Louise remarqua ce changement et lui en demanda les raisons; mais il répondit qu'il était comme par le passé. Il perdit son humeur égale pour des airs de froideur qui étonnaient également Julien.

— Votre mari serait-il jaloux? demanda le comte à Louise.

— Je ne le pense pas, dit-elle; il n'est pas seulement froid avec vous, il l'est avec tout le monde : avec moi, avec ses amis.

Cependant, comme l'avoué devenait de

plus en plus sombre, Louise conseilla à Julien de ne pas venir de quelques jours.

— A une condition, dit Julien, c'est que je vous verrai chez madame Chappe.

Louise se fit longuement prier, et enfin accorda un rendez-vous au comte.

Le surlendemain, elle se rendit à l'institution, et fut rassurée de ne pas rencontrer madame Chappe : elle resta deux heures avec Julien, heureux de pouvoir causer en toute liberté avec celle qu'il aimait.

— Quand finiront mes arrêts ? lui dit-il en la quittant et en faisant allusion à la défense de venir pendant quelque temps chez l'avoué.

— Le jour où vous pourrez venir, dit

elle, je mettrai un pot de fleurs à ma fenêtre.

Ils se quittèrent ainsi, pleins de rêves de bonheur. Louise sortit de la pension, comme elle y était entrée, sans avoir rencontré personne dans les corridors : mais à peine eut-elle dépassé la rue qu'elle poussa un cri.

Son mari était devant elle.

— Venez, madame, dit-il en lui serrant le poignet et en l'entraînant vers la maison des dames Jérusalem, on vous attend.

Louise avait perdu le sentiment des choses extérieures ; il lui semblait qu'elle venait d'être frappée par un coup sourd qui l'empêchait de voir et d'entendre; tout son sang s'était réfugié au cœur et le reste du corps était froid et mort ; elle sentait à peine une légère pression au bras quoique plus tard elle trouva sa chair coupée par son bracelet. Elle entra plutôt traînée que marchant dans une maison qu'elle ne connaissait pas, et le sentiment ne lui revint qu'en se trouvant dans un petit salon en face de mademoiselle Ursule Creton, assise dans un fauteuil, et qui avait fait une grande toilette comme pour une cérémonie. Une joie cruelle était peinte sur les traits de la vieille fille.

— Ah! vous voilà, madame, dit-elle; il faut vraiment des circonstances extraordinaires pour qu'on puisse vous rencontrer. Vous préférez rendre visite à des étrangers, à une madame Chappe, plutôt qu'à votre belle-sœur. Il faut avouer que cette maîtresse de pension exerce un joli métier depuis qu'elle est arrivée, et qu'elle doit donner une singulière éducation aux jeunes filles.

— Malheureuse, dit M. Creton du Coche, avouez votre faute.

— Laissez-la, mon frère, si elle ne veut pas parler ; tout-à-l'heure, ce M. de Vorges va parler pour elle.

— Un ami ! s'écria l'avoué. Le lâche !

— Hé ! mon frère, vous croyez encore à l'amitié des jeunes gens ? Si vous aviez cru à l'amitié de votre sœur, cela ne serait pas arrivé. Louise ne répondait pas ; elle était atterrée et baissait la tête. Par une porte vitrée du fond, on voyait apparaître aux coins des rideaux les yeux curieux des deux dames Jérusalem, qui épiaient cette scène avec une ardente curiosité.

— Le voilà! s'écria mademoiselle Ursule Creton, qui ne quittait pas Louise de vue et qui trouvait encore moyen de voir ce qui se passait dans la rue.

Julien sortait du pensionnat de madame Chappe, qui l'accompagnait jusqu'à sa porte ; il causait avec l'institutrice, qui se confondait en politesses.

— Oui s'écria Ursule Creton en s'adressant au comte comme s'il avait pu l'entendre, ris, beau jeune homme, donne des poignées de mains à cette intrigante, fais le beau dans la rue; nous verrons si tu chanteras toujours le même air.

— Mon frère, dit-elle à M. Creton du Coche, ne sortez pas; je vous le défends.

Mais l'avoué ne paraissait guère disposé

à réaliser les craintes de sa sœur ; il ne regarda même pas dans la rue. En passant devant les fenêtres des dames Jérusalem, Julien vit d'un coup d'œil la figure haineuse de la vieille fille qui l'observait avec attention, et il n'eut pas la pensée du drame qui se jouait dans cette maison, et dont il était le principal acteur.

Un silence profond régnait dans le salon où allait se décider le sort de Louise ; l'avoué n'osait regarder sa femme, et Louise pleurait en se cachant la figure de son mouchoir. Seule, la vieille fille triomphait ; cette scène la rajeunissait, et elle était plus fière qu'un acteur qu'on rappelle après la pièce.

— Venez, madame, dit-elle, en allant ouvrir la porte du petit escalier, où les dames Jérusalem s'étaient cachées, venez, il est bon que je ne sois pas le seul témoin de cette scène; mon malheureux frère ne compte pas, plus tard il serait capable de dire que j'ai inventé tout ce qui est arrivé depuis ce matin... Vous avez bien remarqué le comte de Vorges qui est sorti de chez madame Chappe?

— Oui, mademoiselle, dit l'une des dames Jérusalem, j'étais montée au premier étage, et là, derrière mes persiennes, j'ai tout vu et tout entendu.

— Ah! ah! s'écria mademoiselle Creton; et que se disaient ces deux honnêtes personnages?

— M. de Vorges remerciait madame Chappe avec effusion comme du plus grand service qu'on eût pu lui rendre, et il annonçait son retour dans une huitaine.

— Qu'il y compte, dit la vieille fille; dans une huitaine, nous nous arrangerons à ce qu'il n'y ait plus de madame Chappe à la maison.

— Il est de fait, dit l'aînée des dames Jérusalem, qu'une pareille conduite de la part d'une femme qui a de jeunes enfants à élever est vraiment répréhensible.

— C'est scandaleux pour le quartier, reprit la seconde des sœurs.

— Monsieur Creton, dit Ursule, vous commencerez par adresser un rapport au maire, au sous-préfet, sur la conduite de madame Chappe.

— Mais, ma sœur, vous voulez donc me déshonorer publiquement?

— Et croyez-vous que toute la ville ne

va pas le savoir? dit la vieille fille; quand même ces dames Jérusalem ne parleraient pas, ni moi, est-ce que vous ne savez pas que les jeunes gens se vantent toujours de passions qu'ils n'inspirent pas? Dieu merci, cette fois, celui-ci peut se vanter sans mentir; il n'a pas besoin d'afficher madame, elle s'affiche bien toute seule.

— Monsieur, dit Louise en relevant la tête, vous êtes dans votre droit en me chassant de chez vous : j'ai de l'amitié pour M. Julien de Vorges et je ne le cache pas; mais je n'ai pas à subir un interrogatoire chez des personnes que je ne connais pas, interrogatoire fait par une parenté qui m'a toujours regardée comme une ennemie, dès que je suis entrée dans la famille. Réfléchissez-y ; je peux paraître coupable, mais je n'ai pas violé mes devoirs d'épouse, quoique les apparences soient contre moi... Si vous croyez que la vie commune vous soit impossible, et que ma présence vous rappellerait un souvenir fâcheux, je partirai aujourd'hui, et jamais vous n'entendrez parler de moi.

— Non, Louise, dit M. Creton du Coche.

— Comment, lui dit mademoiselle Ursule Creton, vous faiblissez déjà ?

— Me promets-tu, dit l'avoué, de rentrer chez moi, en revenant à tes devoirs, à ta conduite passée ?

— Je ne sortirai pas, je m'enfermerai pendant aussi longtemps qu'il vous plaira, je ne parlerai à personne, dit Louise qui fondait en larmes à l'idée du sacrifice qu'elle s'imposait.

En voyant une réconciliation s'opérer si facilement, mademoiselle Creton fit une grimace, car elle avait compté sur une rupture brutale et définitive.

— Mon frère, dit-elle en changeant de figure et en essayant de donner à ses traits et à sa voix quelque chose de conciliant, vous avez raison. Le mieux est de pardonner... car j'espère que ma belle-sœur ne m'en voudra pas de l'irritation que m'a causée cet événement.

— Oh! ma sœur, s'écria Louise en se jetant dans les bras de la vieille fille, je vous jugeais mal; c'est moi qui vous méconnaissais jusqu'ici. Quels trésors de charité avez-vous pour oublier aussi facilement ma conduite?

— La religion, ma fille, dit Ursule Creton, nous enseigne à pardonner aux plus grands pécheurs. Nous allons donc ne plus faire qu'une seule et même famille, tous unis, c'était mon seul désir ; le mariage de mon frère nous avaient séparés, le malheur nous réunira.

— Que vous êtes bonne, mademoiselle Ursule ! s'écrièrent les dames Jérusalem, qui feignaient la plus vive émotion et qui allèrent répandre le soir, dans la ville, le bruit de cette aventure.

VI

Misères d'intérieur.

Dès le même soir, Julien fut frappé d'une certaine activité qui régnait à la porte de M. Creton du Coche : un commissionnaire traînait sur une brouette des malles, des meubles et les déposait dans la maison de l'avoué. Le comte, qui était à sa fenêtre, crut à l'arrivée d'un étranger; de temps en temps des per-personnes de la ville passaient sur la place et se montraient du doigt les fenêtres du premier étage. Julien attendit la nuit; car d'ordinaire Louise ne manquait pas, à l'heure où elle se couchait, d'ouvrir sa fenêtre et d'envoyer au comte un signe d'adieu.

La fenêtre ne s'ouvrit pas comme de coutume, et Julien passa une nuit agitée en pensant à cet emménagement extraordinaire et à l'absence de Louise. Le lendemain matin, le domestique de l'hôtel lui apporta un petit billet qui ne contenait que ces simples mots : « Tout est découvert; je suis perdue. Ne manquez pas de venir à la nuit tombante par la porte du jardin. — Femme Chappe. »

Ce fut un coup de foudre pour le comte qui courut à la chambre de son ami Jonquières.

— Tiens, lis, lui dit Julien.

— Le mari sait tout, pensa Jonquières en regardant la figure défaite du comte.

Et il lut le billet.

— Cela devait finir ainsi, dit Jonquières... Mon pauvre Julien !

— Je veux enlever Louise ! s'écria le comte; je ne peux plus vivre sans elle.

Jonquières poussa une exclamation.

— Tu ne m'approuves pas ? dit Julien. Je t'en prie, mon ami, aide-moi; ne me laisse pas seul avec mon chagrin, je ne sais pas ce que je ferais pour m'en débarrasser...

— Il faut voir madame Chappe, dit Jonquières; il faut connaître à fond ce qui est arrivé.

— Mais ne le dit-elle pas? tout est découvert.

— Tu vas sans doute recevoir la visite du mari?

— Si je savais qu'il fit souffrir Louise, je le tuerais, dit Julien.

La journée se passa ainsi pour les deux amis, qui cherchaient à creuser le sens de la lettre de la maîtresse de pension.

— Il me semble qu'on te regarde, disait Jonquières à Julien, en voyant se retourner quelques vieux promeneurs bourgeois qui, aussitôt qu'ils avaient dépassé le comte, croyaient pouvoir l'étudier des pieds à la tête avec une vive curiosité.

A peine le jour commençait-il à tomber que Julien se rendit à la petite porte du jardin de madame Chappe. La maîtresse de pension portait avec affectation son mouchoir à ses yeux.

— Déshonorée! monsieur le comte, déshonorée! s'écria-t-elle, perdue dans l'esprit public pour vous avoir montré trop de bienveillance!

Et elle sanglota.

— Et Louise? dit Julien, qui oubliait les pleurs de madame Chappe.

Louise, aussi perdue comme moi!... Nous sommes victimes de mademoiselle Ursule Creton!... Ah! pourquoi ai-je eu le cœur si sensible!..

Alors la maîtresse de pension raconta, en coupant son récit de sanglots exagérés, tout ce qui était arrivé depuis la veille; elle appuya longuement sur le dommage que ce scandale allait apporter à sa réputation. Son établissement était perdu; déjà, depuis le matin, trois élèves de la ville avaient été retirées par leurs parents, et madame Chappe s'attendait à voir partir une à une ses pensionnaires à mesure que le bruit de l'aventure serait répandu dans la campagne, car mademoiselle Ursule Creton ne manquerait pas de faire agir contre la maîtresse de pension par tous les moyens possibles. Madame Chappe dit au comte combien était grande la colère de la vieille fille, qui n'avait pu tirer d'elle les renseignements désirables pour convaincre la femme de l'avoué de culpabilité.

— Je m'intéresse à la jeunesse, dit madame Chappe, parce que j'ai le cœur jeune et voilà comme j'en suis récompensée, par une ruine complète.

— Je vais partir pour Paris, dit Julien, quand il eut écouté, froidement en apparence, le récit de la maîtresse de pension.

— Ah! mon Dieu! s'écria madame Chappe, je ne connaissais ici qu'une personne bienveillante et je vais la perdre... Monsieur le comte, je me suis perdue par l'intérêt que je prenais à vos amours... Mon pensionnat n'est pas payé, mes élèves s'en iront une à une, je ne remplirai pas mes obligations... Si au bout d'un an je n'ai pas payé la moitié du prix d'achat, je peux être renvoyée, saisie et mise sur la paille... Et pourquoi, parce que deux jeunes gens s'aimaient et que je n'ai pu voir d'un œil sec leurs malheurs.

— Rien ne vous arrivera de fâcheux à cause de moi, madame, dit le comte, et je réparerai, autant qu'il sera en ma puissance, le dommage que j'ai pu vous causer indirectement. Je vais partir pour Paris, il me serait impossible de vivre tout près d'ici ; je connais les effets de la solitude, elle me rendrait fou de désespoir... Voici mille francs en attendant ; restez tranquille, ne vous affectez pas des bruits de la ville, quand même vous n'auriez plus qu'une élève... Je veillerai à ce que vous soyez largement récompensée de vos sacrifices... Mais il est évident

que vous ne pourrez plus pénétrer chez
Louise ; à tout prix, il faut que vous trou-
viez une femme qui arrive jusqu'à elle et
qui lui remette mes lettres. Vous seule
connaîtrez mon adresse à Paris et vous
aurez soin de me faire tenir régulièrement, chaque semaine, des nouvelles de
Louise.

Madame Chappe fondit en larmes.

— Si on ne se jetterait pas dans le feu
pour un homme comme vous ! dit-elle...
Oui, vous aurez des nouvelles de votre
Louise, je vous le jure, foi de madame
Chappe, et je trouverai l'impossible pour
triompher de son tyran de mari.

— Ne ménagez pas l'argent, madame
Chappe, dit Julien.

— Brave jeune homme, dit-elle. Je

peux bien dire qu'il n'y en a pas comme vous sur la terre.

A la suite de cet entretien, Julien alla chez son cousin.

— Mon cher Jonquières, lui dit-il, je te remercie, de tout ce que tu as fait pour moi et je t'en aurai toute ma vie une profonde reconnaissance. Maintenant tu peux reprendre ton existence tranquille que j'ai troublée... Je pars.

— Tu as l'air si tranquille et si froid, dit Jonquières, que tu dois couver quelque projet fou.

— Non, je vais embrasser ma mère, lui faire mes adieux, et je pars pour Paris.

— Et Louise ? dit Jonquières.

— Louise reste ici ; je ne pense plus à l'enlever.

Julien ayant rapporté à son cousin les renseignements qu'il tenait de madame Chappe :

— Si tu as jamais besoin de moi, dit Jonquières, fais-moi un signe, et je suis à toi.

— Oui, dit Julien en se jetant dans ses bras, je sais quelle rare amitié j'ai trouvée en toi ; mais je vais vivre seul pendant un an, deux ans, que sais-je ? Ne m'en veux pas si je ne te donne pas signe d'existence... Un jour viendra où nous nous retrouverons.

— Jure-moi, dit Jonquières, que tu n'as pas de mauvais projets... Tu me parles de l'avenir de telle sorte que tu me fais trembler.

— Je te jure, dit Julien, que je veux vivre et que je veux vivre heureux.

En apparence résigné, Julien emportait en lui une douleur froide et muette qui ne se trahissait pas sur son visage, mais qui lui servait de masque pour mieux tromper sa mère.

La comtesse, habituée aux fantaisies de son fils, ne trouva rien d'extraordinaire à son départ pour Paris; mais à peine le comte fut-il en voiture et à une lieue de la ville, qu'il se trouva seul, sans son ami Jonquières et sans rien qui lui rappelât directement le souvenir de Louise. Il se sentait comme privé de son âme et se trouvait vide en dedans. Il ouvrait de grands yeux en se surprenant à ne rien voir; il était privé de pensée, et son corps le fatiguait comme s'il eût porté un fardeau inutile.

Quant à Louise, le séjour de mademoiselle Ursule Creton lui fit oublier dans les premiers jours la scène scandaleuse du pensionnat; frappée du pardon de son mari et croyant s'être méprise sur le véritable caractère de la vieille fille, elle essaya de se plier à ses exigences et de mener la vie pieuse que lui prêchait mademoiselle Creton; mais à chaque instant les ongles de la vieille fille reparaissaient et déchiraient le cœur de Louise.

On commença par lui enlever sa bonne qui était une fille de campagne fort simple, et qui était soupçonnée d'avoir servi les intrigues de Julien.

Louise se résigna à subir une femme

de ménage de la ville, mademoiselle Chevret, que mademoiselle Creton employait depuis longtemps à préparer sa chétive cuisine. Louise comprit qu'elle avait une surveillante de plus dans cette femme de ménage; mais, décidée à se sacrifier pour rétablir la tranquillité domestique, elle ne craignait aucune espèce d'inquisitions.

Elle demanda comme une grâce à son mari d'habiter une chambre sur le derrière de la maison, afin qu'on ne supposât pas qu'elle pût regarder dans la rue.

Le départ de Julien fut connu dans la ville, et les amis de M. Creton du Coche vinrent l'en avertir en lui faisant compliment; c'était tourner le fer dans la plaie.

L'avoué n'était pas de nature jalouse ; mais l'idée qu'il servait de conversation à tout un pays le rendait misanthrope à l'excès. En un mois, il changea complétement de physionomie, et les années s'abattirent sur lui comme une grêle subite.

Mademoiselle Ursule Creton remarquait ces perturbations avec un intérêt marqué, quoiqu'elle eût échoué dans l'ensemble de son projet. Elle eût préféré une séparation absolue à cette paix replâtrée ; la douceur, la complaisance, les soins de Louise loin de la désarmer, ne faisaient que l'irriter ; et elle s'en vengeait en rappelant sans cesse à son frère l'événement qui avait donné lieu à son retour dans la maison.

Quelquefois, au coin du feu, le soir, quand Louise travaillait et que M. Creton regardait tristement les étincelles s'enfuir par la cheminée :

— Qui aurait dit, il y a un mois, s'écriait Ursule, que nous pouvions vivre heureux? Allons donc, Creton, ne t'assoupis pas; c'est un bien pour un mal. Il y en a tant qui trouvent un mal pour un bien.

L'avoué ne répondait pas.

— Ne trouvez-vous pas, ma sœur, continuait la vieille fille, qu'une réunion en famille, tranquille, vaut bien la société de cette mauvaise créature qui vous entraînait malgré vous, n'est-ce pas? Il ne faut pas rougir; ce qui est passé est passé... Je ne vous en fais pas de reproche; au contraire, tout le monde de la ville me parle de vous et admire votre conversion ; j'en suis un peu flattée, car j'y suis pour quelque chose ; pas vrai, ma sœur?

Puis, satisfaite d'avoir montré à Louise qu'elle conservait un souvenir implacable, mademoiselle Ursule Creton se taisait, laissant son frère et sa femme, livrés chacun à de tristes réflexions ; et elle entamait avec son chien un monologue de vieille fille, plein de caresses, de petits gestes les plus affectueux qu'elle pût trouver dans son cœur desséché.

Les dames Jérusalem venaient de temps en temps, sous le prétexte de rendre visite à mademoiselle Creton, étudier les drames qui se jouaient à l'intérieur entre la vieille fille et sa belle-sœur.

Elles affectaient de combler la femme de l'avoué de politesses plus poignantes que des insultes ; car, sous l'intonation caline de leurs paroles, il était facile à Louise de sentir une intention aiguë. La causerie des dames Jérusalem semblait du lait empoisonné. Vivre seule, enfermée dans sa chambre, eût semblé à Louise le plus grand bonheur, en comparaison de la répugnance qu'elle avait à se trouver vis-à-vis de ces trois terribles inquisiteurs, dont le chef était mademoiselle Creton.

— Ma belle-sœur, ces dames Jérusalem viennent vous souhaiter le bonjour, criait mademoiselle Creton du bas de l'escalier. Ne viendrez-vous pas un peu ?

C'était surtout l'hypocrisie de la vieille fille qui faisait le plus souffrir Louise, car sous ces paroles d'invitation se cachaient des ordres. Dans le principe Louise avait refusé de voir les dames Jérusalem, dont la présence lui rappelait trop cruellement sa surprise en sortant de l'institution.

— Comment, madame, lui dit mademoiselle Creton, vous ne voulez pas descendre auprès de ces dames; en voici bien d'une autre... Ces dames ne vous font-elles pas honneur en voulant bien oublier le scandale que vous avez causé dans leur quartier?... Madame préférerait peut-être recevoir la visite de comtesses... Allons, madame, descendez avec moi, afin qu'on sache par la ville que je vous ai pardonné; et, une fois pour toutes, je vous avertis de ne pas me faire monter quand je vous appelle.

Louise descendait recevoir les compliments des dames Jérusalem, qui feignaient de la traiter comme si rien d'extraordinaire n'était arrivé. C'étaient alors des compliments sans fin.

— Madame Creton a meilleure mine *maintenant*.

Depuis quelque temps madame Creton gagne.

— *La vie tranquille* convient à madame Creton.

— On se conserve plus longtemps en vivant *dans son intérieur*.

Les dames Jérusalem ne parlaient qu'en soulignant les mots, pour ainsi dire ; elles avaient toujours eu la réputation dans la ville d'être des personnes de sens et d'esprit, et cette réputation leur avait donné le vice de peser sur les mots les plus ordinaires, de parler lentement, de s'arrêter à chaque membre de phrase, et de n'ouvrir la bouche qu'avec la persuasion qu'il n'en sortait que des mots à effet.

Cette conversation était plus fatigante que la manie des auteurs qui abusent de l'italique et qui, séparant chaque mot par un trait, semblent dire au public : « Faites attention, je vais être très spirituel » Il en est de même pour certaines personnes qui parlent du bout des lèvres, et dont la bouche s'arrondit avec complaisance, comme pour faire sortir d'un moule un bijou infiniment précieux.

Mais il eût été dangereux dans Molinchart de paraître douter de l'esprit des dames Jérusalem, qui faisaient loi par leur dénigrement, et que chacun craignait. En présence de Louise, elles jouissaient de leur adresse dans ces méchancetés, car d'ordinaire elles ne pouvaient pas juger de l'effet de leurs coups.

Retranchées dans leur petite maison, au rez-de-chaussée ; elles envoyaient de là leurs traits comme des assiégeants envoient des boulets dans une ville ennemie, sans se rendre compte toujours des effets produits ; mais, en présence de Louise, les dames Jérusalem pouvaient suivre les ravages de leurs paroles : rougeurs subites, larmes dans le gosier, yeux humides; un tel spectacle était intéressant pour des femmes jalouses de la beauté de leur victime.

Devant les dames Jérusalem, la vieille

fille se taisait ; se trouvant inférieure,
non pas en méchanceté, mais du moins
en paroles, mademoiselle Creton semblait
juger les coups, et son œil, dans lequel
passait encore de temps en temps une
flamme, remerciait ses alliées de la jouissance qu'elle prenait à leurs discours. Les
dames Jérusalem avaient un art merveil-
leux à se servir des paroles ambiguës, de
mots à double entente, qui accablaient
Louise sans défense. On eût dit un de ces
pigeons de fête de campagne, attaché par
la patte et vers lequel les garçons du village s'avancent tour à tour, les yeux ban-
dés, avec un sabre, pour lui couper le
cou.

Louise recevait ainsi nombre de bles-
sures sans se récrier ; et quand il lui arri-

vait de jeter les yeux sur son mari pour chercher un défenseur, elle ne rencontrait qu'un homme assoupi, ne songeant à rien et n'écoutant même pas la conversation du logis.

Fréquentant beaucoup la société de Molinchart, les dames Jérusalem savaient tout ce qui se passait, et surtout tout ce qui devait se passer. Elles arrivaient presque quotidiennement chez mademoiselle Creton avec une provision de scandales d'une nature particulière à être agréables à cette dernière. Elles faisaient sans doute des triages avant de venir, car leurs motifs de conversation ne roulaient guère que sur des tromperies de maris, de femmes séduites et d'amants suborneurs. Maître Quantin leur passait en sixième main la *Gazette des Tribunaux*, et comme il est rare de ne pas trouver dans ce journal quelques faits d'adultère, les dames Jérusalem n'avaient jamais éprouvé autant de satisfaction de leur sous-abonnement. L'une racontait l'acte d'accusation, l'autre lisait les dépositions de témoins, les plaidoiries des avocats et les commentaires venaient à la suite.

Louise semblait réellement l'accusée : assise sur sa chaise basse, elle redoutait de plus en plus les attaques incessantes des dames Jérusalem; loin d'y être accoutumée, de jour en jour elle les sentait plus vivement.

La rencontre imprévue de M. Creton du Coche avait porté le désordre dans le système nerveux de la jeune femme : elle était devenue craintive à l'excès, et le moindre incident la froissait comme la fine oreille d'un chat se contracte au moindre bruit. Elle essayait de tromper les souffrances que lui causaient les amies de mademoiselle Creton en s'appliquant à une broderie; mais les trois femmes avaient inventé des châtiments plus cruels que ceux dont fut victime, dit-on, le dauphin à la tour du Temple. Quand elle baissait les yeux :

— Que faites-vous donc là, ma belle? lui demandait une des sœurs Jérusalem, qui craignait que Louise ne fût absorbée par son travail.

Et elle lui prenait des mains la broderie ou la tapisserie, et la forçait de lever les yeux sur ses juges. Les persécutions prenaient mille formes, et les trois femmes devaient passer les jours et les nuits à en créer de nouvelles.

Un jour, mademoiselle Creton invita sa belle-sœur à rendre visite aux dames Jérusalem.

— Il n'est pas convenable, dit-elle, que ces dames viennent aussi souvent sans que vous leur rendiez leur politesse. A la fin elles s'en formaliseraient.

Louise refusa.

— Je n'entends pas, dit mademoiselle Creton, que par votre faute je perde l'amitié de ces dames. Si vous étiez libre, madame, vous auriez le droit d'être mal élevée et d'agir comme il vous semblerait convenable; mais ces dames viennent autant pour vous que pour votre mari et moi. Une politesse en vaut une autre.

Louise refusa de nouveau; elle comprenait l'épreuve douloureuse à laquelle on se disposait à la soumettre. Retourner, en présence de son mari et de sa sœur, dans le petit salon des dames Jérusalem, traverser la rue où elle avait été surprise, revoir cette fatale porte du pensionnat, et surtout se montrer aux gens de Molinchart, c'est ce que Louise ne pouvait supporter, à moins d'y être traînée. Cette fois, elle combattit avec tant de résolution, que la vieille fille, craignant de la pousser à bout, laissa tomber son idée, en se promettant de la remplacer par une autre non moins cruelle.

Six semaines après avoir quitté la ville,

Julien reçut une lettre de madame Chappe. Jusqu'alors la maîtresse de pension n'avait écrit au comte que des lettres sans intérêt, car Louise se tenait si strictement renfermée qu'il était difficile d'avoir de ses nouvelles. D'un autre côté, madame Chappe avait perdu la majeure partie de ses relations, et elle était mal vue dans le pays ; mais ayant un grand intérêt à servir la passion du comte, la maîtresse de pension eût trompé la surveillance de dix geôliers.

Il était difficile de lutter avec mademoiselle Creton, que la haine, la jalousie, la cupidité rendaient le plus redoutable des Argus ; seulement, la générosité manquait à cet Argus, qui oubliait de se servir de l'argent. Après avoir pris ses informations avec prudence, madame Chappe sut que la femme de ménage était pauvre. Il ne fut pas difficile de la séduire : le loyer payé, un habillement d'hiver et un pot-au-feu par semaine amenèrent la femme de ménage à se rendre.

Madame Chappe annonçait cette bonne nouvelle au comte ; la femme de ménage se contentait jusqu'alors de regarder et d'écouter, et chaque soir elle apportait à madame Chappe des nouvelles de ce qui se passait dans ce ménage. A en juger par la dernière scène qui s'était passée entre mademoiselle Creton et sa belle-sœur, une rupture ne devait pas tarder à éclater. Malgré sa douceur et l'empire qu'elle prenait sur elle-même, Louise froissée d'entendre mademoiselle Creton lui rappeler toujours la scène du pensionnat, et démêlant ce qu'il y avait d'hypocrite et de dangereux dans ces souvenirs, en apparence amicaux, mais qui redoublaient l'hypocondrie de M. Creton du Coche, Louise s'était ouverte à ce sujet à sa belle-sœur et l'avait priée de ne plus revenir sur ce sujet.

Autant les paroles de la jeune femme étaient empreintes de supplications, autant la vieille fille montra de colère et de haine. Elle éclata en reproches à un déjeûner auquel la femme de ménage assistait, et dit à sa belle-sœur que de pareils faits ne s'oubliaient jamais; qu'elle était trop heureuse qu'on eût bien voulu la garder dans une famille honorable sur laquelle elle avait jeté la honte; que si

Louise oubliait sa faute, cela témoignait de la légèreté de son caractère; qu'au contraire, il fallait qu'elle l'eût à toute heure devant les yeux, afin de se repentir et de devenir meilleure, sans quoi l'oubli amènerait inévitablement une rechute. Mademoiselle Creton prit à parti son frère et lui demanda s'il avait oublié, lui dont le caractère était méconnaissable, lui qui couvait un mal intérieur dont il ne se relèverait jamais. Cette scène violente dura pendant tout le déjeûner, et Louise profita de ce que la femme de ménage desservait la table pour aller s'enfermer dans sa chambre et pleurer en paix.

Madame Chappe était heureuse de ces nouvelles, elle avait le même intérêt que la vieille fille à introduire le trouble dans le ménage. Par ses ordres, la femme de ménage montra pour Louise une pitié qu'elle ressentait réellement, car il était impossible de ne pas être ému de sa douleur et de ne pas prendre parti contre mademoiselle Creton, qui tous les jours inventait de nouvelles acrimonies contre sa belle-sœur. La femme de ménage devint peu à peu la confidente de Louise, à mesure que les scènes se renouvelaient plus désagréables dans l'intérieur de la maison.

— On vous plaint dans la ville, ma pauvre dame, lui disait-elle.

Et comme elle le répéta plusieurs fois, Louise voulut savoir quelle personne cachait ce *on*.

— Tout le monde, dit la femme de ménage, qui avait ordre de ne pas dévoiler madame Chappe.

Au bout de trois mois, il fut impossible à Louise de sortir de sa chambre, tant la vieille fille était devenue exigeante. Louise avait plus répandu de larmes en trois mois que dans toute sa vie; elle n'avait qu'une jouissance, c'était de s'entretenir avec sa femme de ménage.

Mademoiselle Chevret était une pauvre créature, séduite dans sa jeunesse, qui vivait pauvre, ne se plaignait jamais, et avait conservé un sentiment violent d'amertume contre tous les hommes. Dès les premiers jours de son entrée, elle avait pris en pitié la femme de l'avoué, et elle croyait que mademoiselle Creton n'agissait que d'après les ordres de son frère.

C'en était assez pour prendre parti contre le mari et la vieille fille ; aussi ne fut-elle pas difficile à séduire, et quand vint le moment où elle entendit Louise parler de la mort comme du plus grand bonheur espéré, elle comprit que la coupe d'amertume était pleine, et qu'il était temps d'agir suivant les instructions de madame Chappe.

— Ah ! ma pauvre dame, disait-elle à Louise pendant qu'elle faisait sa chambre, vraiment vous me faites pitié de vous laisser ainsi traiter par votre belle-sœur... Si vous vouliez avoir la paix !

— C'est impossible, dit Louise. Telle que je connais mademoiselle Creton, je n'ai plus qu'à me résigner.

— Il vaudrait mieux vivre dans un désert, madame.

— Oui, dit Louise.

— Vous n'êtes pas adroite non plus, madame; vous recevez tranquillement des insultes comme un bœuf à l'abattoir... ça les encourage, soyez-en sûre... Ah! si j'étais à votre place...

— Eh bien! dit Louise.

— Je voudrais les tenir; oui, avant qu'il soit deux jours mon mari et ma sœur seraient à mes pieds... D'abord vous ne vivrez pas en paix tant que cette méchante femme mènera la maison; elle dehors, peut-être votre mari deviendrait-il plus humain.

— J'ai accepté cette situation, dit la femme de l'avoué.

— Vous ne saviez pas non plus ce qui vous attendait ici, madame; vous n'étiez pas fautive et vous croyiez qu'on allait oublier une simple imprudence... Ah! les hommes n'oublient rien ou ils oublient trop, dit la femme de ménage en songeant à son passé. Enfin, madame, votre vie n'est pas tenable dans ce moment; toujours malade, toujours en pleurs, maigre à faire pitié, ça me fait bien du chagrin de vous voir changer à vue d'œil; voulez-vous obtenir la paix?

— Est-ce possible? s'écria Louise.

Alors mademoiselle Chevret lui dit qu'elle avait une parente à dix lieues de la ville qui la recevrait à merveille, si elle voulait s'y réfugier. Eloignée momentanément de sa belle-sœur, elle écrirait à son mari et obtiendrait d'être mieux traitée de lui.

Peut-être M. Creton du Coche reconnaîtrait-il que la vie à trois était impossible, et Louise pouvait encore espérer de goûter quelque tranquillité. La jeune femme se laissa aller à ce projet, confiante dans l'affection que lui montrait la femme de ménage, et elle organisa un plan de fuite sans se douter que madame Chappe était l'âme du complot.

Au lieu de trouver une parente de la femme de ménage, Louise tomba dans les bras de Julien qui attendait à l'arrivée de la voiture.

VII

Le bonheur.

Louise, saisie par l'émotion, se laissa entraîner; et, avant qu'elle eût le temps de se reconnaître, elle était dans une petite voiture qui l'emmenait au galop sans qu'elle sût où elle était enlevée avec une telle rapidité.

La route se passa sans que les deux amants pussent dire un mot; ils avaient trop à se dire, et l'excès de bonheur faisait qu'ils ne trouvaient pas de paroles pour rendre leur émotion.

Depuis qu'ils s'étaient vus pour la première fois, enfin ils se trouvaient ensemble, entre eux, sans crainte, libres. En un moment le passé était oublié, et tout autour d'eux disparaissaient la nature, le monde, les lois, la société. Il n'y avait plus qu'eux sur la terre. Ils n'étaient même plus des humains, des êtres vivants, c'étaient des âmes qui se rencontraient dans des étreintes célestes. Ils n'avaient plus conscience de leur corps, de leurs mouvements; ils obéissaient à leurs sensations sans s'en rendre compte, comme l'enfant qui agit instinctivement remue les bras, essaie d'ouvrir les yeux et prononce des paroles inconnues. Ils buvaient leur haleine, s'enivraient de regards et se sentaient mourir doucement, pour surprendre à chaque instant une nouvelle vitalité.

La voiture roulait toujours ; au dedans, c'étaient des étreintes poignantes et fiévreuses à briser des barres d'acier. Leurs âmes s'étaient fondues en une seule et faisaient sentinelle autour d'eux pour en chasser les souvenirs, les chagrins, les craintes de l'avenir. Rien n'aurait pu les séparer en ce moment, ni périls ni dangers, ils se sentaient forts et libres.

La nuit était venue et ne faisait qu'ajouter à leur extase ; des larmes coulaient des yeux de Louise, mais Julien sentait que ce n'étaient pas des larmes amères et qu'elles tombaient lentement des paupières sans les blesser.

Les souffrances d'une année chargée d'inquiétudes s'envolaient sans bruit, et ne laissaient plus de traces dans leur esprit noyé d'immenses félicités.

Le grand calme de la nuit, la solitude de la campagne, le repos de la nature, la fraîcheur tiède de l'atmosphère, tout les portait au silence.

Ils semblaient avoir quitté leur ancien corps, celui qui avait tant souffert, pour entrer dans une nouvelle enveloppe tranquille, fraîche et embaumée.

La voiture roulait toujours, et ils ne se sentaient pas en mouvement. Lui comprenaît qu'il était à côté d'Elle; Elle se rapprochait de Lui.

Ils étaient plongés dans cet ineffable égoïsme de l'amour qui rend indifférent à l'amitié, à la haine, à la joie, à toutes les passions, à tous les vices, à toutes les misères de l'humanité.

On leur aurait dit : « Vous allez mourir. » ils auraient répondu : « Nous mourrons avec joie, si nous mourons ensemble dans un dernier embrassement. »

Qu'importe alors la vie? Ces extases renaîtront-elles jamais plus grandes? Le bonheur est si rare qu'on craint toujours de le voir suivi de son éternel serviteur, le malheur, qui est attaché à son manteau, comme, dans les anciennes peintures symboliques, la mort est à cheval derrière le médecin.

Aussi tous deux faisaient-ils fête à ce bonheur inattendu, et s'en gorgeaient-ils avec l'imprudence d'un convalescent à qui il est permis de manger pour la première fois. . . . .

. . . .

Une secousse de la voiture les tira de leur beau rêve; une voix humaine les rappela à la réalité.

Le postillon était arrêté devant une auberge et appelait les servantes, plongées dans le sommeil.

On était arrivé au petit village où Louise comptait s'arrêter chez la parente de mademoiselle Creton.

Les deux amants, qui étaient en voiture depuis cinq heures, croyaient qu'il y avait tout au plus cinq minutes.

Le réveil de cette auberge endormie, l'allée et venue des garçons et filles qui s'inclinaient devant une chaise de poste, les préparatifs du souper, le grand feu flambant à hauteur d'homme dans une immense cheminée, la conversation du postillon et des filles, permirent à Louise de cacher son émotion. Cependant, elle baissait les yeux devant Julien et craignait de rencontrer ses regards amoureux. De légers et tardifs remords couraient en elle, comme de petits nuages qui cherchent à se rejoindre et qui finissent par se dissiper.

Le souper était préparé et fumait sur la table.

— Je ne mangerai pas, dit-elle.

— Ni moi..... dit Julien. Pourquoi détournez-vous la tête, Louise ?

Et il la regarda en face; mais elle baissa la tête et tint un silence absolu.

Julien lui parlait, la questionnait, et elle ne répondait pas. La pourpre pudique de sa figure répondait plus éloquemment que toutes les paroles.

Il y avait dans la pose abandonnée de Louise, dans ses gestes, dans sa physionomie, un doux abattement qui rendait Julien plus heureux que s'il l'avait entendue parler.

Maintenant, seul avec elle, il pouvait se jeter à ses genoux, lui prendre les mains, dénouer ses beaux cheveux noirs ; et elle se laissait faire, à moitié plongée dans la contemplation de cette idolâtrie et du souvenir des heures qui s'étaient écoulées aussi vite que chaque tour de la roue de la voiture.

Elle savourait maintenant cette passion qui, depuis un an, s'était si souvent offerte à ses lèvres et qu'elle avait toujours repoussée, subissant ainsi volontairement un supplice de Tantale.

Dans le fond de son imagination apparaissait, un peu trouble et flottant, le fantôme bourgeois et grossier de sa première année de mariage; mais le mari rêvé était là, à cette heure, devant elle, lui parlant, l'adorant, et dans le miroir du cerveau de Louise se reflétait l'idéal époux, le seul et véritable et unique, qui faisait de l'autre une chimère grimaçante, l'ombre de la lumière, le repoussoir obligé du bonheur.

Toutes ces pensées, Julien pouvait les suivre, les voir naître, grandir, mourir, remplacées par d'autres, comme la vague succède à la vague.

Une paupière languissante, un mouvement des yeux, une ombre de sourire, une pulsation du cœur, des moiteurs subites, des lèvres qui s'ouvraient pour laisser s'échapper trop de félicités accumulées, une narine tressaillante, n'étaient-ce pas des pensées plus éloquentes que toutes les paroles?

Dans chaque pore de cette peau ambrée, Julien pouvait suivre une nouvelle vitalité courir dans le corps de Louise.

Après ces longs ressouvenirs qu'il respecta, le comte put jouir de la félicité que maintenant Louise laissait lire sur sa figure, sans essayer de l'affaiblir.

— Comme je veux te faire oublier tout ce tu as souffert pour moi, ma chère Louise, j'essaierai de te payer en bonheur les inquiétudes que tu as subies si longtemps dans cette petite ville. Demain la diligence passe de grand matin ; nous partirons pour Paris.

— A Paris ! s'écria Louise en tressaillant. Mais mon mari...

— Je t'en conjure, Louise, ne dis jamais : Mon mari. Il n'est plus ton mari ; regarde-le comme un homme mort..... Tu es veuve, tu jouis d'une nouvelle vie ; tu renais d'une autre existence ; tu n'as jamais habité Molinchart..... N'est-ce pas que tu ne me parleras plus de cet homme?

Le lendemain, ils arrivèrent à Paris, et Julien se fit conduire à la place de la Madeleine, où il avait loué un appartement convenable pour recevoir un jeune ménage, car il était prévenu depuis longtemps, par madame Chappe, de se tenir prêt à recevoir Louise.

En se réveillant dans une jolie chambre à coucher qui donnait sur la place, en entendant le grondement des voitures qui se pressaient sous ses fenêtres, Louise se crut le jouet d'un rêve.

C'était bien en effet une nouvelle vie qui commençait pour elle; depuis dix ans elle ouvrait les yeux et se trouvait au milieu de ce calme de province qui endort l'esprit et le laisse flotter dans des nuages gris et calmes, tandis qu'aujourd'hui elle allait goûter de la vie parisienne, qui apparaît si féerique à ceux qui ne la connaissent pas.

Cependant Louise soupirait.

On ne reste pas inpunément dans une atmosphère calme sans être effrayé du tumulte de Paris; les cœurs qui ont vécu tranquillement en province jusqu'à trente ans ne savent pas s'accomoder de la vie fiévreuse parisienne.

Le bonheur agitera-t-il longtemps ses ailes bleues au-dessus de cette maison? se demandait Louise; heureusement le souvenir de la vieille fille vint se placer devant ses yeux et l'empêcher de penser plus longtemps à l'avenir.

Bientôt d'ailleurs, une femme de chambre entra et rompit les rêves de la jeune femme, en lui demandant si elle voulait recevoir divers fournisseurs envoyés par le comte.

Une élégante robe de chambre était préparée, et Louise se sentit pénétrée des mille attentions du comte avant son arrivée.

Le cabinet de toilette n'eût pas été mieux meublé par une coquette, et se trouvait garni des mille objets à l'usage des femmes.

Quand Louise fut prête, la marchande de modes, la lingère, la marchande de nouveautés, furent introduites, car Louise n'avait pu emporter de Molinchart qu'une petite malle contenant les objets les plus nécessaires à sa toilette.

Après le déjeûner, Louise parcourut son petit logement et montra une joie d'enfant en regardant ces petits meubles élégants, ces frivolités d'étagère qui encombrent les cheminées, et dont Paris a le secret.

Tout avait été commandé par le comte, qui apporta dans le choix de l'ameublement un tact exquis.

Une autre femme que Louise se serait crue transportée dans un monde féerique en comparant son mobilier d'acajou, ses meubles lourds, disgracieux, incommodes, à ces chaises fines, élégantes, à ces larges fauteuils étoffés, à ces petites tables en bois de rose rehaussées de cuivreries dorées, qui annonçaient, par leur délicatesse, qu'ils ne pouvaient servir qu'à une femme; mais Louise n'avait pas de ces étonnements hébétés d'une bourgeoise qui foule des tapis moelleux pour la première fois de sa vie; elle était heureuse de cette coquetterie luxueuse et la comprenait aussitôt en la voyant.

Julien jouissait de la joie de celle qu'il aimait, et la regardait ouvrir, avec une curiosité naïve, les portes des chambres, des armoires, les tiroirs des meubles.

Un élégant balcon donnait sur la façade de la Madeleine; et à deux pas du salon on pouvait, sans sortir de chez soi, se mêler pour ainsi dire au Paris fortuné des équipages.

— Quelle vie! dit Louise; on croirait presque que tout le monde est en fête journellement... Est-ce ainsi tous les jours?

— Tous les jours, dit Julien, qui était ravi des questions enfantines de Louise.

— Et on ne s'en fatigue jamais? demanda-t-elle. J'ai peur, ami, de cette vie; le croyez-vous? Il me semble que ma tête n'est pas assez forte pour supporter tout ce bruit; il n'y a qu'une chose dont je ne me fatiguerai jamais, c'est de vous aimer. Nous resterons ensemble le plus possible, n'est-ce pas, seuls?... Je deviens jalouse, même d'un homme qui serait en tiers avec nous..... Avez-vous beaucoup d'amis?

— Je connais quelques personnes au

club, que je rencontre avec plaisir; mais, à proprement parler, ce ne sont pas des amis. Mon seul ami était Jonquières.

— Celui-là, je l'aime aussi, dit Louise, depuis que tu m'as dit combien il avait été bon et dévoué pour toi, pendant que j'étais si méchante.

— Oh! tu n'étais pas méchante..... je l'ai oublié et j'ai bien mieux compris mon amour en étant séparé de toi.

— Est-ce que nous ne verrons pas M. Jonquières à Paris?

— Je ne sais, dit Julien; Jonquières est enterré maintenant dans sa campagne. Il se fait ermite. Il a peur des passions qu'il a éprouvées vivement; moi aussi, j'aurais voulu le voir entre nous deux, cet hiver, au coin de notre feu, et il eût été heureux de notre amour.

Ainsi les deux amants parlaient sur le balcon, s'occupant plus de leur affection mutuelle que de ce qui se passait dans la rue; mais le comte, en voyant la place de la Madeleine encombrée d'équipages, jugea que le moment était venu de conduire Louise aux Champs-Élysées, et il envoya chercher une petite voiture couverte qui permît à Louise de tout voir sans être vue.

De la place de la Concorde à l'Arc-de-Triomphe de l'Étoile, la chaussée était sillonnée de voitures qui se croisaient en sens inverse; les équipages les plus divers étaient représentés, depuis les voitures à quatre chevaux, blasonnées, jusqu'au simple fiacre, mystérieux, clos par des stores de calicot rouge; les omnibus, les charrettes, les voitures de déménagements figuraient à côté des voitures des ambassadeurs.

Tous contenaient une foule curieuse, suivant du regard la route qui va en montant jusqu'à l'Arc-de-Triomphe, placé au sommet de la montée et qui redescend jusqu'à Neuilly.

Quelques femmes du monde, en amazone, subissaient les regards des curieux assis sur des chaises et des promeneurs du trottoir; on voyait passer par les portières des omnibus les figures émerveillées des provinciaux; dans des coupés élégants étaient étendus négligemment des actrices, des lorettes, des femmes entretenues de parage, qui jouaient de la prunelle devant les cavaliers, afin de payer le soir le prix de leur équipage loué.

Dans d'autres voitures se tenaient des femmes du monde, escortées à la portière de cavaliers qui ne les quittaient pas et les accompagnaient au bois.

C'était un mouvement sans fin et d'aller et de retour, où chacun semblait plus empressé de parader que de jouir de l'air et de la lumière; c'étaient des étalages de toilette, de sourires, de compliments, de saluts, qu'on ne saurait trouver en aucun lieu de l'univers.

Louise ne parlait pas et regardait; Julien la laissait tout entière à sa curiosité.

En ce moment Louise pâlit, jeta un cri

et se laissa retomber dans le fond de la voiture.

— Qu'y a-t-il, mon amie? s'écria Julien.

— Rien, dit-elle.

— Tu souffres?

Louise avait porté ses mains à la figure et se la cachait ; le comte chercha à s'en emparer et à la démasquer; mais Louise :

— Laisse-moi, je t'en prie..... Attends...

— Pourquoi as-tu poussé un cri? Ce n'est pas naturel..

Louise abattit une main et montra un de ses yeux humide où se reflétait une vive émotion ; puis une larme embrassa la prunelle et vint se pendre aux cils, pendant qu'une rougeur subite faisait place à la pâleur habituelle de Louise.

— Tu m'inquiètes, dit le comte ; dis-moi ce qui t'a fait éprouver cette émotion.

Louise ne répondait pas ; la figure de Julien se rembrunit, ce fut à son tour d'être livré à des réflexions pénibles dont la nature se lisait dans ses yeux. Louise le regarda, et la vue de ces inquiétudes fit taire les siennes.

— Et toi aussi ? dit-elle.

— Laisse-moi, dit le comte.

— Regarde, dit Louise, je n'ai plus rien, il n'y paraît plus... Allons, monsieur, soyez aimable.

Julien tenta de sourire.

— Je ne veux pas te voir triste, dit-elle.

— Mais, enfin, qu'est-ce qui t'a pris? demanda le comte.

— Tu ne m'en voudras pas si je te le dis?

— Au contraire, je t'en voudrais de me le cacher.

— Eh bien, dit Louise, j'ai rencontré le regard d'une personne de Molinchart.

— N'est-ce que cela? dit Julien.

— Sans doute, je n'ai pas été maîtresse de moi, et j'ai poussé un cri.

— Est-ce que tu es certaine que cette personne t'a remarquée?

— Je ne sais.

— Te connaît-elle?

— Elle me connaît comme chacun se connaît dans une petite ville... mais tu m'avais défendu de ne te jamais parler de Molinchart, voilà pourquoi j'ai essayé de te le cacher.

Louise avait été singulièrement frappée à la vue de certaines femmes au regard hardi, à la toilette retentissante, qui se faisaient remarquer par une beauté apprêtée.

Julien lui expliqua la position de ces créatures, qu'il connaissait pour la plupart, malgré son absence de Paris pendant quelques années. Mais il en est de la véritable femme entretenue comme de l'homme de génie : elle résiste et prospère là où cent autres sont mortes épuisées.

Louise avait pour ces femmes la vive curiosité dont sont éprises toutes les femmes du monde cherchant le secret de cette force et de cette puissance qui font que les véritablement trempées conservent leur beauté, à un âge avancé, malgré le trouble de leur existence.

Elle pressait Julien de questions, ignorante de ce monde si particulier dans lequel le comte avait vécu dans sa jeunesse, et, sans lui donner leur vie comme une généralité, Julien lui racontait l'histoire de celles qu'il retrouvait et les hommes qu'elles avaient ruinés, et les amants qu'elles avaient trompés, et ceux qu'elles avaient entraînés dans le mal.

La vie parisienne est tellement remplie de vices que ce qui ferait l'étonnement d'une certaine classe de la société serait la vertu ; une grande partie de la jeunesse riche, noble, tombe dans les bras des femmes vicieuses, s'y habitue et rirait de l'étonnement d'un Franklin qui viendrait prêcher le rétablissement des mœurs ; mais Louise, malgré les explications de Julien, ne pouvait comprendre cette vie et devenait de plus en plus triste.

Elle voulut rentrer immédiatement et pria le comte de la laisser seule jusqu'au dîner.

En la revoyant, Julien fut étonné du changement qui s'était opéré en elle : elle paraissait avoir pleuré, et sa figure était pleine d'une expression particulière que le comte ne soupçonnait pas ; elle avait repris les habits modestes avec lesquels elle était partie de Molinchart.

Le comte tressaillit, car il crut lire dans cette physionomie toute nouvelle, dans le costume, que Louise le quittait pour toujours.

— Mon ami, dit-elle, ce soir, je ne serai plus ici.

Julien pâlit et tomba sur une chaise, ne trouvant pas de paroles pour rompre une détermination si ferme en apparence.

— J'ai commis une faute, dit-elle en me laissant conduire dans cette maison, en m'habillant de ces étoffes, en me parant de ces bijoux. Tout est tel que je l'ai reçu, je ne veux plus les porter. J'ai eu un moment où je ne raisonnais pas, pendant lequel mon amour m'a entraînée.

Julien fit un mouvement pour parler.

— Laissez-moi vous dire, mon ami, tout ce que cette promenade aux Champs-Ély-

sés vient de me révéler... Quelle heureuse
idée nous y a conduits! J'ai vu ces femmes, vous m'avez dit leur vie, je ne veux
pas leur ressembler. Je sens que je n'ai
pas les sentiments d'une femme entretenue; mais en restant ici plus longtemps,
en acceptant vos dons, vos cadeaux, chacun a le droit de me désigner de la sorte...
Il faut que ma vie présente fasse oublier
ma fuite...... Depuis que vous m'avez fait
connaître la manière de vivre de ces femmes, j'ai frissonné d'avoir été rencontrée
avec vous dans une toilette qui ne m'est
pas habituelle et qui a pu me faire confon-
dre avec ces femmes... J'ai des goûts simples, vous le savez, il y a longtemps que
vous êtes prévenu; vous m'avez aimée
ainsi; ce n'est pas la liberté qui doit changer mes goûts. Tout le luxe me mettait

mal à l'aise, et je ne m'en rendais pas compte. Ce n'est pas là le bonheur... Si vous m'aimez véritablement, Julien, comme vous le dites, vous me laisserez vivre à ma fantaisie, travailler, vous m'aiderez à me procurer des moyens de m'occuper...

— Vous êtes la meilleure des femmes, Louise, dit Julien qui tomba à ses pieds ; mais pourquoi vous comparer à ces créatures ? Ne sommes-nous pas unis pour toujours ?

— Pour toujours, dit Louise d'un ton mélancolique.

— Vous en doutez ?

— Qui sait ! reprit-elle.

Malgré les preuves d'affection du comte, Louise resta dans son idée : le comte devait conserver son appartement de la place de la Madeleine, et s'il était possible de trouver une petite chambre dans la même maison, Louise l'habiterait afin d'être plus rapprochée de son amant; mais, à partir de ce jour, elle ne voulait plus continuer à vivre de la vie luxueuse des femmes entretenues.

Ses paroles étaient tellement convaincues que Julien s'abstint de combattre ses idées plus longtemps.

— Ne sortons plus, dit Louise; de cette façon on ne me rencontrera plus; nous resterons toute la journée ensemble. Tout ce monde m'effraie; il me semble que nous ne sommes plus aussi intimes au milieu de la foule... Je travaillerai chez moi, tu me feras la lecture pendant ce temps; et, le soir seulement, pour varier un peu, nous sortirons et nous irons nous promener dans les endroits où la foule ne va pas.

Ce programme se réalisa pendant un mois; les deux amants ne voyaient et ne recevaient personne; les journées s'écoulaient roses et sans souci. Le mois, d'ailleurs, avait été rempli par la nouvelle installation de Louise, qui s'occupait de mettre en ordre sa petite chambre.

Un matin, il arriva un homme de mauvaise physionomie, qui demanda à parler au comte de la part de madame Chappe.

Julien fut blessé de ce que la maîtresse de pension lui envoyait un tel messager; mais étant en correspondance avec elle et tenant à connaître les événements qui se passaient à Molinchart, il fit introduire l'inconnu, qui dit être le frère de l'institutrice.

Dès l'abord, la physionomie de l'homme déplut à Julien; mais cachant cette prévention sous une exquise politesse, il lui demanda à quoi il pouvait lui être utile.

Le frère de madame Chappe tendit une lettre qu'il tira d'un mauvais portefeuille.

« Cher comte, écrivait l'institutrice, ne me trouvez-vous pas importune de vous prier de me rendre un service dont la nature est bien délicate. Mon frère a perdu malheureusement sa fortune dans l'instruction, en rendant service à des gens qui ne lui en ont pas tenu compte. Cette générosité tient de famille, et vous savez que je me jetterais dans le feu pour vous, cher comte.

» A force de me casser la tête pour sauver mon frère de la détresse, voici ce qu'il m'est venu à la tête :

» En attendant que vous puissiez procurer à mon frère un emploi quelconque, grâce à vos relations dans Paris, ne pourriez-vous pas lui dire que, n'ayant pas le temps de surveiller exactement les biens que vous avez à Vorges, il vous ferait bien plaisir de vous y aider un peu.

» Comme je suis persuadée, cher comte, que vous n'avez besoin de personne, je vous ferai remettre d'avance pour trois mois ce que vous désirez que nous lui offrions pour rétribution. Si vous me rendiez cet important service et que vous ne lui donniez que le temps de faire ses préparatifs de départ, je vous ferais tenir cinquante écus. Il pourrait vivre au moins frugalement à la campagne. Proposez-lui cela de manière, je vous prie, qu'il accepte.

» Quoique mon établissement n'aille guère, je serai exacte à vous remettre, et je vous aurai une grande obligation de vous prêter, de la manière dont je vous en prie, à me rendre cet important service. Ce sera, hélas! je gémis de le dire, une des fortes épines que vous me retirerez du pied.

» Ah! cher comte, que vous me rendrez heureuse si mon frère m'apprend que vous lui avez fait la proposition que je vous prie de lui faire. Ce secret serait à nous deux. Dieu veuille que vous sentiez ma position et que vous soyez assez bon pour l'alléger. »

Malgré l'habitude qu'il avait de cacher ses impressions, le comte put à peine dissimuler la surprise que lui causait cette lettre.

Il ouvrit son secrétaire, en tira les cent cinquante francs que demandait madame Chappe et congédia l'homme, en lui disant qu'il allait écrire à sa sœur.

Depuis quatre mois que Louise avait fui la maison de son mari, madame Chappe ne s'était pas fait faute d'écrire régulièrement deux fois par semaine, le facteur apportait des lettres timbrées de Molinchart, tantôt à l'adresse de Julien, tantôt à l'adresse de Louise.

Les lettres adressées au comte contenaient des demandes d'argent incessantes, que le jeune homme acquittait comme des dettes sacrées.

Louise était plus spécialement chargée de la toilette de madame Chappe, qui, à en juger par ses demandes, devait maintenant éclipser les dames les plus à la mode de Molinchart.

La maîtresse de pension avait, du reste, une correspondance très variée qu'elle appliquait suivant la nature des services qu'elle attendait; quelquefois elle semblait prise d'immenses remords en pensant à la fuite de Louise du domicile conjugal.

« Oui, écrivait-elle, ma conscience me force à ne rien vous cacher; lorsqu'on blâme mon amie, je me reproche ma faiblesse d'avoir adhéré à ses désirs. »

Et Louise se prenait à ces faux remords et les partageait réellement.

Dans d'autres circonstances, le pauvre M. Creton du Coche portait à lui seul les noms de toute une ménagerie : c'était un tigre, un loup, un Cosaque, une hyène, un monstre amphibie. « Barbe-Bleue a été dimanche de Pâques à la grand'messe, à vêpres et au salut, » écrivait madame Chappe; « incessamment il fera son jubilé. Je n'en serais pas étonné, afin de pouvoir dire, à ceux qui voudront le croire, que vous l'avez toujours empêché de faire sa religion. »

Madame Chappe avait l'art de faire saigner le cœur de Louise à chaque trait de plume; elle lui rapportait les moindres propos de Molinchart, relatifs à sa fuite, et quoique Louise se trouvât heureuse dans son intérieur, elle ne pouvait s'empêcher de songer qu'elle servait de fable à une petite ville, que son nom était cité à tout propos, et qu'elle passait pour une femme déshonorée.

Ces réflexions la tenaient plus vivement le soir, où elle restait souvent seule, car le comte avait pris l'habitude de retourner à son cercle.

Six mois passés presque sans sortir n'avaient pas affaibli la passion de Julien, mais il craignait que la satiété vînt d'un côté ou de l'autre, et il avait essayé de conduire Louise en société ; mais Louise préférait vivre seule.

L'été étant arrivé, Julien décida un voyage en Allemagne et en Suisse, et cette nouvelle combla Louise de bonheur ; elle allait donc échapper à ce Paris turbulent qui lui pesait.

VIII

Traité de paix entre deux méchantes femmes.

En apprenant la fuite de sa belle-sœur, Ursule Creton ne sut contenir sa joie; ses projets de vengeance se réalisaient, et elle réussissait dans l'exécution de ses plans, qui étaient de s'emparer complétement de l'esprit de son frère. Cette aventure fit du bruit à Molinchart : les événements qui l'avaient amenée, l'aventure du chevreuil, qui était, sans s'en douter, l'innocent instrument du malheur de l'avoué, firent créer un proverbe à l'usage des maris malheureux.

De même qu'au théâtre un bois de cerf, deux doigts placés au-dessus de la tête d'un mari, sont compris immédiatement du spectateur comme le symbole comique d'une union mal assortie ; toutes les fois qu'un mari passa désormais pour trompé, chacun se disait : « Un chevreuil est entré dans sa maison. »

La ville s'était partagée en deux camps, une faible minorité plaidait en faveur de Louise et du comte. Quant à M. Creton du Coche, la curiosité dont il devint victime, les doléances maladroites de ses amis ne lui firent ressentir que plus vivement le côté faux de sa situation. L'amour-propre, qui joue un si grand rôle dans ces questions, et qu'on appelle tantôt amour, tantôt jalousie, se réveilla avec une telle force chez l'avoué, qu'il devint presque hypocondriaque. Il osait à peine sortir, sachant que sa vue seule entretiendrait chez ses concitoyens le souvenir de la fuite de Louise ; il se sentait défait, et il comprenait que l'altération de ses traits provoquerait des condoléances douloureuses plus que le mal lui-même.

Sa sœur l'entretenait à tout moment du jour sur ce chapitre ; en déblatérant contre l'épouse infidèle, elle avait le secret de ficher de nouvelles épingles dans le cœur du mari, qui en était déjà tout garni. Par moments, une cruelle joie se dessinait sur la bouche pâle de la vieille fille, qui torturait son frère goutte à goutte, comme certaines femmes font manger à leurs maris de l'arsenic en petites proportions. C'en était fait, la fuite de Louise avait résolu mieux que par tout autre moyen une séparation absolue : elle eût voulu revenir que mademoiselle Ursule était assez forte pour s'opposer au pardon de M. Creton. Désormais la vieille fille pouvait compter sur l'héritage de son frère; au train dont il allait, à la façon mesquine et ennuyée dont il se nourrissait, au désordre survenu dans sa personne, l'avoué devait nécessairement rendre mademoiselle Creton unique héritière.

Cependant il restait dans l'esprit de la vieille fille un mystère dont elle eût voulu connaître le fond, c'était de savoir la ré-

sidence de sa belle-sœur et les événements
qui avaient suivi sa fuite. On parlait alors
beaucoup dans la ville du train brillant
que menait madame Chappe : quoiqu'elle
fût entièrement déconsidérée depuis le
scandale propagé par les dames Jérusalem;
quoique les trois quarts de ses élèves eussent quitté son pensionnat, l'institutrice
faisait figure. Elle avait rempli ses charges, payé, au terme voulu, les sommes dues
sur sa maison, et elle offusquait réellement les personnes honorables de la ville
par une mise exagérée et d'un goût douteux ; elle portait des toilettes trop jeunes
et trop voyantes pour une femme déjà
âgée, et plutôt laide que belle; mais l'argent, qui fait taire bien des consciences,
lui avait amené un cercle de femmes d'une
réputation douteuse : les petits fournis-

seurs, qui craignaient de perdre une bonne pratique, fréquentaient ses soirées, et ils ne s'inquiétaient pas d'où provenait sa vie facile et aisée. Ceux qui le pensaient, du moins, n'en faisaient rien paraître. Mademoiselle Ursule, avec son instinct de vieille fille, croyant au mal, le dévidant toute la journée dans sa tête, se dit : « Cette femme vit des libéralités du comte de Vorges. » Après la demande d'emprunt fait à la vieille fille dès l'arrivée de madame Chappe, après la désertion de ses élèves, il n'en pouvait être autrement, à moins que la maîtresse de pension n'eût trouvé un trésor. La vieille fille attendit une occasion de rencontrer par hasard l'institutrice et de relier connaissance avec elle.

Mademoiselle Creton agissait comme un heureux diplomate à qui tout réussit.

Neuf mois après la fuite de Louise, madame Chappe fit prier par une tierce personne la vieille de la recevoir.

Mademoiselle Creton bondit de joie sur sa chaise et troubla le sommeil de son vieux chien, qui n'était pas accoutumé à ces manifestations. Il était arrivé dans cet intervalle que Julien, fatigué de ces demandes d'argent sans cesse renouvelées, était parti de Paris avec Louise sans répondre à la dernière lettre de madame Chappe; celle-ci, attendant une réponse, fut stupéfaite de ne rien recevoir, et fit agir son frère, qui vivait également de la générosité du comte.

En apprenant son départ, madame Chappe comprit alors qu'elle avait trop vivement pressuré la bourse de Julien, et elle espéra encore que cette absence serait de courte durée, et qu'en y mettant de la modération, en variant les formules de ses demandes, elle arriverait sans doute à des donations déguisées du nom d'emprunt. Ce qui la confirmait dans l'idée que Julien et Louise ne s'absentaient que momentanément, c'était que le comte gardait son logement et n'avait rien dit en partant à son concierge.

Le frère eut soin de se présenter deux fois par huitaine à la maison de la place de la Madeleine, et d'avertir immédiatement sa sœur du retour du comte; mais trois mois se passèrent de la sorte et laissèrent madame Chappe dans la gêne; car elle s'était habituée à de folles dépenses, à des prodigalités. L'idée de ce grand coffre qu'elle avait à Paris, et dans lequel il lui suffisait d'une simple lettre pour puiser, l'empêchait de songer que ce coffre pouvait se fermer un jour. Enfin elle reçut la nouvelle que le comte était revenu ; elle lui écrivit alors une longue lettre touchante sur sa position actuelle, l'immense gêne dans laquelle elle se trouvait ; elle n'oubliait pas de faire un pompeux étalage des services qu'elle avait rendus au comte dans des circonstances difficiles, et la fuite de Louise lui coûtait tant de têtes de pensionnaires.

Le comte ne répondit pas ; à l'ordinaire, madame Chappe entretenait en même temps une correspondance avec Louise, qui était chargée d'acheter des étoffes, des robes, des chapeaux et les mille objets de toilette qu'une femme seule peut choisir. Madame Chappe écrivit donc à Louise une lettre pleine de larmes et de remords ; elle la priait d'intercéder pour elle auprès du comte, qui se montrait bien ingrat pour une pauvre femme dévouée pour lui. Louise supplia vainement Julien, qui donna des ordres pour que le frère de madame Chappe ne fût plus introduit.

Se regardant comme abandonnée, comme trahie, madame Chappe forma des projets de vengeance et trama la perte de Louise ; elle ne pouvait s'adresser mieux qu'à mademoiselle Creton. Du premier coup d'œil les deux méchantes femmes s'entendirent, et elles ne perdirent pas de temps à récriminer sur le passé.

— Vous avez bien voulu, mademoiselle, m'offrir vos services dans un temps si je parvenais à vous découvrir l'intrigue qui existait entre le comte de Vorgès et madame Creton, dit madame Chappe ; depuis, les événements ont mal tourné pour monsieur votre frère, mais il est temps encore de faire cesser une liaison scandaleuse ; et si vous étiez encore, mademoiselle, dans les mêmes idées, je suis toute disposée à vous donner les moyens d'arriver à connaître un scandale dont je gémis.

— Vous savez donc où ils sont? demanda mademoiselle Creton.

— Après ce qui est arrivé contre mon gré dans mon établissement, dit madame Chappe, je me suis trouvée leur complice, bien innocente, il est vrai ; j'avais des remords de ce qu'on trompait un aussi honnête homme que M. Creton du Coche ; mais je n'y pouvais rien. M. le comte a voulu me payer le dommage causé à mon pensionnat par son scandale ; hélas ! on ne répare pas le dommage causé à l'honneur. Perdue de réputation, je ne pouvais songer à conserver mes élèves ; effectivement, elles sont parties une à une, et je me trouve aujourd'hui dans la dure nécessité d'emprunter une somme destinée à payer un billet qui va échoir dans la huitaine... Après l'éclat, je devais quitter le pays, mademoiselle ; mais pouvais-je laisser un pensionnat pour lequel j'ai déjà fait de si grands sacrifices ? Si j'avais pu le céder ! Personne n'en voulait, car il faudra un certain temps pour faire oublier les scènes qui s'y sont passées... Ah ! mademoiselle, je suis bien malheureuse de n'avoir pu arrêter le malheur qui planait sur votre famille si respectable !

Mademoiselle Creton, qui n'était pas la dupe de ces repentirs, joua l'attendrissement, le pardon, et les deux femmes s'embrassèrent. Ces marques d'amitié n'étaient point ce qu'attendait madame Chappe, qui poussa de nouveau en avant la question d'argent. Après de nombreux débats, il fut convenu que la maîtresse de pension livrerait la correspondance du comte et de Louise; qu'elle ferait connaître leur domicile à Paris, et qu'une somme de deux mille francs lui serait délivrée en deux fois en échange de ces preuves. Il était nécessaire toutefois que M. Creton du Coche consentît à cette transaction. La maîtresse de pension sortit doublement heureuse d'avoir paré à ses embarras financiers et d'avoir assouvi sa vengeance.

— Tu es triste, mon pauvre Creton, dit au dîner Ursule à son frère; sais-tu pourquoi? c'est de ne pas t'être vengé de cette malheureuse.

Alors elle lui confia l'entretien qu'elle avait eu avec la maîtresse de pension, et la manière dont il fallait agir désormais avec Louise, qui serait maintenant facile à retrouver, grâce aux indications de madame Chappe. La vieille fille mettait un tel feu dans ses propos que M. Créton du Coche sentit percer en lui l'aiguillon de la vengeance; désormais sa vie allait être occupée, elle avait un but : punir la perfide Louise. L'avoué sortit de cet assoupissement maladif auquel il était en proie depuis la fuite de sa femme, et il entra dans les projets de sa sœur avec plus d'énergie qu'elle ne lui en supposait.

Sa colère éclata contre Louise et le soulagea comme les larmes qui, en tombant des yeux des malheureux, laissent couler avec elles une partie des chagrins jusqu'a-

lors concentrés ; cependant Ursule Creton,
quoique avec les apparences d'avoir pardonné à la maîtresse de pension, ne pouvait se dépouiller de la rancune qu'elle
nourrissait contre la femme qui avait favo-
risé la passion de sa belle-sœur et du comte.

— Tu tiendras prêts mille francs pour
madame Chappe, dit-elle ; mieux encore,
tu les lui porteras. N'ayons pas l'air de
nous défier d'elle, et n'attendons pas ses
confidences pour les payer. Et quand tu
seras certain de connaître l'adresse posi-
tive de cette malheureuse, quand tu auras
des preuves certaines, que tu seras sur les
lieux prêt à agir, n'hésite pas à sacrifier
une nouvelle somme de mille francs. Ne
crains rien, ces deux mille francs ne seront pas perdus ; je ne veux pas les perdre ;
mais tu auras soin, par Faglain, de faire

racheter les billets de madame Chappe qui courent dans Molinchart, et, à un moment donné, nous la ferons chasser honteusement de la ville. Ah! elle s'imagine que je lui ai pardonné! Elle aura de nos nouvelles, n'est-ce pas, Creton?

Le plan de la vieille était conçu habilement; deux mille francs ne pouvaient servir à éteindre les obligations de la maîtresse de pension, qui n'avait guères payé que sept mille francs sur un établissement de vingt mille francs. L'affaire de Louise avait été colportée dans la ville avec tant de méchanceté et de calomnies, que madame Chappe ne pouvait remonter son pensionnat sur l'ancien pied. Quoique malicieuse, elle s'était trompée en croyant rentrer dans les bonnes grâces de mademoiselle Creton ou en espérant, par son influence, recouvrer la bonne opinion des Molinchartais. Il est facile de perdre l'estime des habitants d'une petite ville, il est presque impossible de la faire renaître. Si, sur de simples propos, un homme perd la faveur de ses concitoyens, que devait-il arriver pour madame Chappe, dans la maison de laquelle des faits trop positifs, trop palpables avaient été recueillis par des témoins tels que les dames Jérusalem ?

Les gens dans l'embarras se donnent avec tant de facilité au diable, qu'on ne s'imagine pas ce que le diable peut faire d'une si nombreuse clientèle. Madame Chappe se donna à pis qu'au diable en se livrant à la vieille fille, car la correspondance de Louise et du comte, qu'elle remit entre les mains de M. Creton, contre un premier paiement de mille francs, la compromettait assez pour être accusée de complicité dans la fuite de Louise.

Les cadeaux un peu forcés qu'elle tirait constamment de Paris, les sommes envoyées par le comte, étaient accusés dans cette correspondance, où il était facile d'y saisir les traces de demandes. Madame Chappe, égarée par le silence de Julien à ses dernières lettres, livrait des armes empoisonnées contre elle. Mademoiselle Ursule Creton, en lisant ces lettres, passa une journée aussi heureuse que peut le comprendre la lectrice d'un roman intéressant.

Jamais une méchanceté ne causa autant de joie à la vieille fille, qui donna cette correspondance à copier à Faglain, et qui, pour plus de sûreté, fit descendre le maître-clerc dans la chambre où elle se tenait. Poussant la prudence à ses dernières limites, la vieille fille, devenue défiante, dicta cette correspondance au maître-clerc, qui souriait, peu habitué à transcrire de pareils actes. C'est, muni du double copié de cette correspondance, que M. Creton du Coche partit de Paris, après avoir reçu de longues instructions de son aînée.

Julien à Jonquières.

De la Conciergerie, le 6 août 18.

« Combien tu dois m'en vouloir, mon ami, depuis si longtemps que je ne t'ai écrit. Je te l'avoue, j'étais froissé de tes conseils que je trouvais trop sages. Maintenant tu pourrais t'applaudir de ma situation si tu n'avais le cœur excellent; tout ce que tu m'avais prédit est arrivé et plus encore que tu n'avais prédit. Laisse-moi donc te faire une longue lettre qui me servira de confession et après laquelle tu me pardonneras, je l'espère. Prévenant le scandale qui allait résulter dans la ville, je ne voulus pas que ma mère put m'écrire ; tout ce qu'elle avait à me dire, je me l'étais dit ; mais la passion était plus forte que la raison, et je ne me confiai qu'à madame Chappe qui, jusqu'alors, avait paru nous protéger avec tant de bonté.

» Te dire la joie que j'éprouvai en retrouvant Louise libre m'est impossible ; ces beaux temps sont déjà bien loin. Après six mois, nous décidâmes que nous partirions immédiatement de Paris, afin de dépister les gens qui voudraient nous inquiéter ; nous avons été en Belgique, en

Allemagne, et nous ne nous sommes arrêtés qu'en Suisse. Là j'ai goûté le bonheur le plus pur de ma vie pendant cinq mois; nous ne nous quittions pas d'un instant, nous étions libres en pays étranger, vis-à-vis d'une belle nature. Retirés dans un petit village de l'Oberland, nous avions eu soin de choisir celui où il passe le moins d'étrangers.

» Combien de journées avons-nous passées sur la balustrade de notre châlet, les mains l'une dans l'autre, sans nous quitter des yeux! Jamais je n'ai rencontré une femme comme Louise, douce, aimante, empressée, égale de caractère, et n'ayant conservé de son mariage qu'un air de résignation que je tâchai de faire disparaître. Elle n'avait que le seul défaut de n'être pas assez capricieuse; elle allait au-devant de mes désirs et me récompensait des souffrances qu'elle m'avait causées jadis. Nos voisins les paysans étaient tout étonnés de voir une Française aussi douce. Il en passe quelquefois par là qui transportent en Suisse leurs petites manières parisiennes et qui s'en vont devant la *Yung-Frau* comme à l'Opéra, dans des toilettes extravagantes, regardant la montagne avec une lorgnette; c'est tout au plus si elles ne crient pas *bravo* à la *Yung-Frau*.

» Pour nous, nous nous gardions bien de nous mêler à ces touristes; nous parcourions souvent les montagnes; Louise marchait bravement avec son bâton ferré. Elle m'aurait suivi ainsi jusqu'à Milan si j'en avais eu le désir. Les soirs, quand nous ne faisions pas d'excursions dans les environs, nous prenions un petit batelet et un paysan nous conduisait sur le lac où nous restions de longues heures sans parler d'autre chose que de notre amour. Vers la fin du cinquième mois, je craignis que Louise ne se fatiguât de cet isolement, et un matin, je lui dis :

» — Nous partons aujourd'hui pour Paris; on a perdu nos traces, et nous pouvons y vivre tranquilles maintenant.

» Pour toute réponse, elle m'embrassa, et se mit immédiatement à faire ses malles.

» En chemin, le souvenir de la Carolina, qui m'a rendu si malheureux, me revint, et je repassai dans mon esprit les raisons qui m'avaient tant fait souffrir. Je crois réellement que cette fille m'a aimé dans le principe, mais qu'elle s'est dégoûtée de moi parce que je la fatiguais de mon amour. On ne se doute pas dans la jeunesse combien peut être fatigant un homme qui, de neuf heures du matin à minuit, chante à la femme la même litanie : Je vous aime! L'homme s'étonne un beau jour de rencontrer de la froideur, puis de l'indifférence ; il devient de plus en plus aimant, et la froideur augmente chez la femme. Elle s'ennuie, elle vous connaît à fond ; vous vous battriez les flancs que vous seriez incapable de trouver quoi que ce soit d'*imprévu*.

» La femme vous abandonne.

» Alors l'amant se désespère ; il parle d'ingratitude ; il compte ses chagrins à qui veut les entendre ; il veut revoir l'ingrate, la supplier, mourir à ses pieds. Il trouve une femme froide qui n'a aucune pitié de lui ; rien ne saurait l'attendrir ; cet homme, qu'elle a vu au début plus spirituel, plus beau que les autres, est devenu tout à coup un être vulgaire, qu'elle s'étonne d'avoir pu aimer cinq minutes. L'amant chassé devient alors moins intéressant qu'un bossu, car le bossu est inconnu à la femme, et a plus de chance, à ce moment, de s'en faire aimer. Je pensais à ce qui m'était arrivé avec la Carolina pour que le même fait ne se reproduise pas avec Louise.

» Certainement, elle n'a rien de commun avec cette comédienne, mais elle est femme, elle pouvait se fatiguer de moi, et je mis à profit la science que j'avais puisée dans mes chagrins passés. Il fut décidé que nous ne demeurerions pas ensemble à Paris; je donnai à entendre à Louise des motifs de convenance, mais, dans le fond, je craignais la satiété de sa part. Par prudence, je lui choisis un appartement dans les environs du Luxembourg, quoique j'eusse préféré les Tuileries ; mais comme elle aime beaucoup à se promener, je craignais une rencontre avec des provinciaux, et, d'après ce que m'écrivait madame Chappe, les colères de notre pays n'étaient pas encore éteintes.

» Combien tu avais raison, mon cher Jonquières, de me dire de prendre garde à cette femme. J'ai longtemps été pour elle un banquier ; il n'y avait pas de demandes de toute espèce qu'elle ne me fît ; un jour elle avait envie de s'établir à Paris, un autre elle me faisait prendre des renseignements sur une maison de commerce ; chacune de ses lettres était un mandat à vue tiré sur moi. A Louise elle écrivait en secret, et se faisait envoyer des robes, des chapeaux, que sais-je? en la priant de ne m'en rien dire. Et je ne sais si, par une sorte de perfidie, elle ne troublait pas la tranquillité de Louise, en lui répétant ce qui se disait sur son compte: tous les méchants propos de la ville et la colère perpétuelle de M. Creton du Coche suspendue sur notre tête.

» Quelquefois je rentrais et je trouvais Louise triste, préoccupée; je lui demandais ce qu'elle avait, et elle m'embrassait en pleurant. Cela me blessa et jeta d'abord quelque froideur entre nous, jusqu'à ce que je fusse arrivé à connaître la vérité: alors j'écrivis à madame Chappe en lui envoyant les derniers mille francs qu'elle devait recevoir de moi, car je l'engageais à cesser de correspondre. Nous a-t-elle trahis depuis? je ne sais; toujours est-il qu'un soir, rentrant dans ma maison, j'aperçus un homme dans la rue qui semblait observer ma fenêtre avec curiosité.

» Mon concierge me dit qu'on était venu peu de temps avant s'informer si je restais dans la maison, si je vivais seul et si je ne recevais pas une jeune dame.

» Dès le soir même, je pris un parti et j'allai m'établir en hôtel garni à quelques rues de distance de la maison où logeait Louise. Ce fut là que je fus pris d'un sentiment inconnu, affreux, que je ne connaissais pas, qui n'est pas de la jalousie et qui cependant s'en rapproche beaucoup. Je me figurais que Louise me trompait. Pourquoi? Rien ne me le faisait croire excepté une sorte d'indifférence que je surprenais sur sa physionomie. Regrettait-elle sa petite ville et la maison de M. Creton du Coche? Tu ne saurais croire combien je souffrais sans oser le lui dire. Il me revenait sans cesse en tête : « Si elle a trompé son mari, elle peut aussi bien te tromper. »

» Et cette raison, toute déplorable qu'elle soit, reparaissait toujours avec l'insistance d'un importun. Cependant mon amour diminuait, je le sentais, je le constatais, je m'étudiais ; je ne le voyais pas fuir, pas plus qu'on ne voit marcher les lentes aiguilles d'un cadran. Pourquoi suis-je jaloux ? Si je n'aime plus Louise que m'importe ?

» En même temps reparaissaient les idées de devoir, de famille, et de même que la nuit fuit devant l'aurore, l'amour est faible quand les idées de famille sont dominantes. J'ai sacrifié ma mère à une folle passion, je n'ai plus de ses nouvelles ; elle doit pleurer mon ingratitude, mon absence. Lâche que j'étais ! une vingtaine de lieues me sépare d'elle et je n'ai pas le courage de me séparer pour quelques jours de Louise. Elle aussi semblait se douter de ce qui se passait en moi, car elle reflétait mes propres sensations.

» Si je la trouvais indifférente en apparence, c'est qu'elle me sentait indifférent au-dedans. Elle a été trop douce, trop aimante; je suis entré dans la vie, cravaché par une femme qui m'a fait supporter toutes les tortures que sait trouver la coquetterie, et quand j'ai été broyé, elle m'a laissé étendu sans même me donne rle coup de la mort, comme ces martyrs-penseurs que l'inquisition broyait et laissait privés de sentiment pour la vie.

» Un jour la jalousie m'a repris plus fort que jamais, j'ai décidé que je ne pouvais vivre plus longtemps éloigné de Louise, et nous sommes allés nous installer ensemble dans le quartier du Jardin-des-Plantes ; j'avais loué sous un faux nom et nous vivions ensemble comme un simple étudiant et sa maîtresse. Dès six heures du matin j'étais levé et j'allais dans le Jardin-des-Plantes où je rencontrais quelquefois des grisettes qui venaient accompagner leur amant jusqu'à l'hôpital de la Pitié. Croirais-tu que je me surprenais à envier le sort de ces jeunes gens libres, qui s'attachent et se détachent sans remords. Je craignais tant que Louise ne se fatiguât de moi, et c'était moi qui étais fatigué d'elle ; je n'osais me l'avouer, me trouvant froid et réservé quand je rentrais, comme autrefois la Carolina vers la fin de nos amours.

» J'ai aimé Louise passionnément ; je me serais fait tuer pour obtenir un regard d'elle ; j'ai tant fait qu'elle a quitté pour moi son mari, et j'en suis déjà lassé après un an et demi. Ce sont de ces situations douloureuses par lesquelles il faut avoir passé pour s'en faire une idée. Les combats intérieurs sont plus pénibles que ceux d'un homme qui aime encore et qui est repoussé. On arrive à se faire horreur à soi-même. Et plus on se dit : il faut que j'aime, moins on aime.

» Tu ne sais pas, mon cher ami, quel mal on a à se composer une figure pour avoir l'air aimable comme par le passé ; et si la figure ne vous trahit pas, la manière d'écouter, les réponses à des paroles qu'on n'a pas entendues sont là qui témoignent de l'état secret de votre cœur. J'arrivai à ne plus oser regarder Louise, tant j'avais peur qu'elle ne lût la vérité dans mes yeux. Et cependant vois comme l'homme est singulier; si elle avait vu ce qui se passait en moi, si un soir en entrant je ne l'eusse pas trouvée, si elle m'avait quitté, j'aurais été très malheureux.

» Avant-hier, dès le grand matin, un commissaire de police est venu frapper à notre porte et nous a présenté un mandat d'arrêt du procureur du roi. Louise s'est trouvée mal, je l'ai quittée avant qu'elle reprît ses sens, pour éviter une nouvelle scène douloureuse, et on m'a conduit à la Conciergerie.

» Il y a quinze jours!... — Je l'aime plus que jamais, maintenant que j'en suis séparé. Mon avocat me conseille de faire faire des démarches auprès de M. Creton du Coche, afin d'éviter la prison préventive. Cela dépend du mari, et en payant un cautionnement je serais libre jusqu'au jour de ma condamnation, car elle est certaine, le flagrant délit étant constaté. Je préfère ne demander aucune grâce à M. Creton. Plus tard je retrouverai Louise.

» Mais ensuite !...

« Julien de Vorges. »

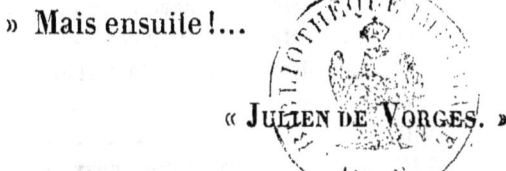

FIN DU TROISIÈME ET DERNIER VOLUME.

TABLE

Des chapitres du troisième volume.

		Pages.
Chap.	I. Catilinaires de province.	1
—	II. La maîtresse de pension.	65
—	III. La société racinienne.	111
—	IV. Une visite à l'Observatoire. . .	161
—	V. La maison des dames Jérusalam.	203
—	VI. Misères d'intérieur..	239
—	VII. Le bonheur.	277
—	VIII. Traité de paix entre deux méchantes femmes	317

Fin de la table du troisième et dernier volume.

Fontainebleau, imprimerie de E. Jacquin.

Nouveautés en vente

CHEZ LES MÊMES ÉDITEURS

LE CHASSEUR DE LIONS

Par Jules GÉRARD

(Le Tueur de Lions)

2 vol. in 8.

LA ROBE DE NESSUS

Par Amédée ACHARD

3 vol. in-8.

LES BOURGEOIS DE MOLINCHART

Par CHAMPFLEURY

3 vol. in-8

CONFIDENCES DE Mlle MARS

recueillies

Par madame ROGER DE BEAUVOIR

3 vol. in-8.

MÉMOIRES
DE MONSIEUR PRUDHOMME

Par Henri MONNIER

4 vol. in-8.

Fontainebleau, imp. de E. JACQUIN.

www.ingramcontent.com/pod-product-compliance
Lightning Source LLC
Chambersburg PA
CBHW050258170426
43202CB00011B/1741